AF358977

FACTVM,

POVR les Prestres de la Congregation du Calvaire & les Hermites du Mont-Valerien.

POVR servir de réponse à l'Ecrit intitulé, Eclaircissement, & au Factum que les Iacobins Réformez de la ruë Neuve S. Honoré ont publiez, afin de justifier l'vsurpation qu'ils ont faite de tout ce qui appartenoit à ces Prestres & à ces Hermites sur cette Montagne.

ES Prestres & les Hermites du Mont-Valerien ne porteroient point leurs plaintes au public, & ne découvriroient point les excés des Iacobins Reformez, s'ils n'y estoient forcez par les mensonges & les faussetez que ces Religieux ont avancées dans leur Ecrit & dans leur Factum, & s'ils pouvoient, sans manquer à ce qu'ils doivent à la verité, differer davantage à la tirer des liens de l'injustice dans lesquels les Iacobins la retiennent cap- *Rom. 1. 18.* tive depuis si long-tems.

Leur dessein n'est point de demander qu'on punisse tant de crimes qui ont esté commis contre eux; qu'on chastie tant d'injures atroces qui leur ont esté faites; qu'on écoute la voix du sang qui a esté répandu; & qu'on vange les outrages qu'ont reçus tant de personnes innocentes qui n'auoient nulle autre liai-son auec eux, que celle que la charité & la compassion des maux qu'on leur faisoit souffrir, avoit faite. Ils ont appris des Peres de l'Eglise, *qu'encore que la punition des crimes soit un bien, Tertul. de toutefois un innocent ne se peut réjouyr de la peine d'vn coupable : & Spect. c. 19.* s'il ne s'agissoit que de leur interest particulier, ils seroient prefts, felon le confeil de l'Evangile, de ceder à la violence, fans former aucune plainte, & de laiffer leurs parties joüir fans inquietude du fruit de la plus injufte ufurpation qui fut iamais.

Ce n'eft donc pas le defir de rentrer dans leurs biens qui leur fait rompre le filence. Ils abandonnent ce foin à l'équité de leurs Iuges. Et s'il leur eftoit permis felon les loix divines & humaines, ils laifferoient les Iacobins joüir en repos de la gloi-de les auoir auec la derniere injuftice dépoüillez de tout ce qu'ils poffedoient.

Mais les interefts de Dieu, ceux de fon Temple, & de la Religion les forcent de parler. Ils craignent de fe rendre coupables en ne deffendant pas le bien de l'Eglife avec autant de courage que les Iacobins ont employé de violence pour l'vfurper.

Ils craignent de bleffer le refpect qu'ils doivent à la memoire de leur Illuftre Fondateur, en ne maintenant pas avec toute l'étenduë de leur zele une Congrégation, qu'il a eftablie par le mouvement de l'Efprit de Dieu, & qui ne tend à autre chofe qu'à graver dans les cœurs des Fidelles le fouvenir de la Croix & des fouffrances de leur Maiftre.

Enfin ils craignent d'eftre traittez un jour devant Dieu comme de lafches prévaricateurs, s'ils ne font pas tous leurs effors pour conferver le dépoft facré qui a efté mis entre leurs mains par l'ordre de la Providence, par l'autorité de nos Roys, par la pieté de leurs Evefques, par la fage difpofition des Magiftrats.

Il eft vray que toutes ces puiffantes raifons ont efté long-tems combattuës dans leurs efprits par la confideration de la qualité de leurs parties ; & qu'ils n'ont pû envifager, fans horreur, la neceffité où ils feroient en écrivant, d'expofer aux yeux du public les artifices honteux, les violences extrémes, & les emportemens fcandaleux & entierement incroyables où les Iacobins fe font laiffez aller.

Ils avoüent mefme que le refpect qu'ils ont pour le caractere facré de la Preftrife, que les Iacobins n'ont point fait difficulté de violer en leurs perfonnes, leur eft venerable en celle de ces Religieux, & que malgré tous les outrages qu'ils ont reçus de ces Peres, la crainte qu'ils ont de fcandalifer le Sacerdoce de Iefus-Chrift, dont leurs perfecuteurs font honorez, les porte prefque à refpecter les mains qui les ont outragez, & qui les ont dépoüillez de leurs biens.

Mais enfin comme l'erreur & l'aveuglement font d'ordinaire infeparables des crimes, Dieu a permis que les Iacobins ont eux-mefmes délivré les Preftres & les Hermites de cette peine. Ils n'ont point eu de honte de commettre à la veuë de Paris, ce que ceux-cy ne peuvent qu'avec repugnance mettre dans cét écrit : & les Iacobins ont levé le fcrupule que les Preftres & les Hermites du Calvaire auroient eu de faire connoiftre à tout le Monde leurs defordres , les ayant eux-mefmes rendu publics, & ayant à la face de toute l'Eglife proftitué honteufement à l'avarice & à l'ambition qui les poffede & qui les anime, la Religion & la piété qui deuoit eftre infeparable de leur condition.

Le deffein donc des Preftres & des Hermites du Mont-Valerien eft de faire voir que les Iacobins n'ont pû les chaffer de leursEglifes,de leurs maifons,& de leurs biens,fans violer toutes les loix divines & humaines;qu'ils ne peuvent fe maintenir dans cette vfurpation fansl'injuftice la plus manifefte qui fût jamais ; & enfin qu'ils n'en ont pû conceuoir le deffein fans bleffer ouvertement le refpect qu'ils doivent aux perfonnes les plus facrées de l'Eftat , aux volontez inviolables de nos Roys, & de leurs Prelats, & aux Arrefts d'vn Senat auffi augufte qu'eft le Parlement.

On verra que cette action, qui rend les Iacobins odieux à toutes les perfonnes qui ont quelque amour pour la juftice & pour la douceur chreftienne, a efté commencée par l'artifice, continuée par les menaces, pouffée par la violence , & enfin achevée par les meurtres, le carnage, & tout ce que l'animofité la plus aveugle peut infpirer de barbare & d'inhumain à vn cœur qui a perdu tous les fentimens du Chriftianifme.

Ils n'avanceront aucun fait qu'ils ne foient prefts de juftifier par les informations & les procés verbaux qui en ont efté dreffez, & par les dépofitions d'vne foule de témoins irreprochables. Ils ne diront pas mefme tous les excés que les Iacobins ont commis contre eux. Ils épargneront une réputation que ces Peres n'ont point apprehendé de fleftrir : & par le foin avec lequel ils ne rapporteront que les chofes que l'amour de la verité & de la justice ñe leur permet point de dissimuler, on verra qu'ils les regardent toûjours comme leurs Freres ; & qu'entre toutes les violences qu'ils ont reçuës de ces Religieux, il n'y en a point qui leur soit plus sensible que d'estre obligez de porter leurs plaintes aux tribunaux de la Iustice, & de publier les desordres de leurs persecuteurs.

Par quelles voyes les Iacobins Reformez se sont emparez du Mont Valerien.

Establissement de la Congregation des Prestres du Calvaire au Mont-Valerien.

LA Congregation des Prestres du Calvaire fut établie au Mont-Valérien en l'année 1633. par des Lettres patentes du feu Roy de glorieuse memoire, qui fit venir exprés pour cét effet feu Monsieur Charpentier qui en avoit déja institué une semblable dans le Bearn avec l'agrémét de sa Majesté. L'insigne pieté de ce bon Prestre avoit porté ce grand Prince à souhaitter qu'il s'établist proche de Paris, afin qu'il répandist par luy-mesme & par le ministére de ses Confreres dans le cœur du Royaume, l'amour de la Croix & des souffrances du Sauveur, qu'il avoit déja si heureusement inspiré à tous les peuples du Bearn.

Monseigneur l'Archevesque de Paris secondant les mouvemens de la pieté du feu Roy, & reconnoissant qu'en effet Dieu avoit choisi Monsieur Charpentier pour rétablir le culte de la Croix que les heretiques avoient tasché d'abolir dans ce siecle, luy donna en 1634. des Lettres de concession pour l'établissement de cette Congregation : & à fin qu'il ne manquast rien à la durée & l'affermissement de ce saint institut, il fit dresser des statuts & des constitutions qu'il luy accorda en 1638.

M. Charpentier fit traiter avec M. le Cardinal de la Rochefoucault, comme Abbé de sainte Geneviéve, & avec les Religieux de cette Abbaye, de laquelle dépend le Mont-Valerien, de huit arpens & demy de terre sur le haut de la montagne à cens & sur-cens. Et ils en passérent ensemble vn contract le 30. de Mars 1634. pardevant deux Notaires du Chastelet de Paris.

Ensuite

5

Enſuite la Reyne Mere du Roy employa ſon zele pour af-
fermir cet eſtabliſſement. Et ce fut par les ſoins de cette
pieuſe Princeſſe que le Roy qui regne heureuſement aujourd'huy, confirma les Lettres de cette Congrégation , ſes
priuileges, ſon établiſſement ſur le Mont-Valerien, & ſes Statuts par de nouvelles Lettres qu'il luy accorda aux mois de Fe-
vrier & deIuin de l'année 1650.& qui furent depuis enregiſtrées
au Parlement le 13. de Decembre de la meſme année.

L'éclat que tant d'illuſtres perſonnes donnérent à cét inſtitut
par leur approbation, la ſainteté de la vie de l'Inſtituteur, & le
deſir de porter les Fidelles à adorer dans la baſſeſſe & les igno-
minies de la Croix, la puiſſance & la gloire de celuy qui y eſt
attaché, porterent encore pluſieurs Eccleſiaſtiques à quitter
les pretentions legitimes qu'ils pouvoient avoir dans le monde,
pour ſe retirer ſur cette ſainte Montagne, & pour y employer
leur tems, leurs biens, & leur vie à acheuer ce deſſein, qui
avoit été ſi heureuſement commencé.

Dieu donna vne ſi grande benediction à leurs ſoins, à leurs
prieres & à léurs propres liberalitez, qu'ils éleverent en peu de
tems l'Egliſe, les Pavillons, & tous les autres baſtimens qui
les accompagnent, excepté ceux des Hermites qui ſont en poſſeſſion de ce lieu il y a plus de huit cens ans,& à qui on laiſſa tout
ce qui leur pouvoit appartenir.Et les Preſtres ont toújours con-
tinué depuis ce tems de faire autour de la montagne pluſieurs
aquiſitions dont ils ont les contrats, & il ne s'eſt preſque paſſé
aucune année qu'ils n'ayent fait quelque nouvelle augmenta-
tion dans leurs baſtimens ou dans leur fonds.

Mais ce qui fait voir encore avec plus d'évidence combien
Dieu avoit agreable cette nouvelle Congrégation , & qu'en
effet il vouloit ſe ſervir des perſonnes qui la compoſoient pour
faire éclatter en ce lieu le triomphe de la Croix & des ſouffrances de ſon Fils, c'eſt que les Peuples accoururent en fouſle
pour viſiter ces ſaints lieux, & pour y recevoirles miſéricordes
& les graces de leur Sauveur.

On ne ſçait pas ſi toutes ces benedictions jointes à la ſituation
avantageuſe de la Montagne,qui eſt proche deParis,ſur le bord
de la riviére de Seine , & qui commande à vne tres-agreable
campagne,dont elle découvre toutes les beautez, firent naiſtre

dans le cœur des Iacobins Reformez le defir de s'y établir. Mais on fçait tres-certainement que peu de tems aprés la mort de Monfieur Charpentier, qui arriva en 1650. & par laquelle la Congregation du Calvaire fut privée de fa principale deffenfe, le deffein qu'ils avoient formé de le perdre, & d'enlever aux Preftres le precieux dépoft, que ce faint homme leur avoit laiffé, & qu'il leur avoit recommandé en mourant, éclatta de la maniere du monde la plus artificieufe & la plus indigne.

Le fieur Royer fert d'inftrument à la cupidité des Iacobins.

Ils fe fervirent pour cela d'vn Preftre Allemand de la ville de Strafbourg, qui s'eftoit introduit fur la Montagne, & dont M. Charpentier reconnut, mais trop tard, pour le bien de fa Congregation, que la focieté luy feroit funefte. Cet Ecclefiaftique fe nommoit Royer: & il avoit, comme on verra en fuite, toutes les qualitez neceffaires pour faire réüffir vn fi injufte projet.

Son premier foin fut d'éloigner ceux de fes Confreres qu'il fçavoit bien avoir trop de fermeté pour ne s'y pas oppofer, & de conferver feulement auprés de luy les perfonnes qu'il connoiffoit eftre d'vne humeur facile & propre à fouffrir fans fe plaindre tous fes mauvais traittemens. Il obligea donc d'abord quelques Ecclefiaftiques de fortir de la Congregation, & l'vn d'eux chercha dans la fonction de Preftre des Freres Hermites un afyle contre fes emportemens.

En fuite il fe deffit aifément de M. Marcadé, en luy perfuadant finement de fe charger du cœur de M. Charpentier, pour le porter à Betharam, & de rendre cet office de pieté à la memoire de ce faint homme pour lequel il avoit tant de tendreffe. En effet M. Marcadé prit cette commiffion avec beaucoup de joye: & il ne fut pas pluftoft arrivé en Bearn qu'ayant reçu des Lettres de M. Royer, par lefquelles il luy oftoit toute efperance de rentrer jamais fur la Montagne, il prit refolution de demeurer dans cette Province.

C'eft ainfi que M. Royer eftant devenu maiftre de la maifon, ne penfa plus qu'à vouloir en difpofer à fon avantage. Il la vint offrir à la plus-part des Communautez de Paris qui eurent horreur de la perfidie de cet homme, & il ne trouva des difpofitions à vne fi grande injuftice que dans les Iacobins Reformez,

qui eurent aſſez peu de conſçience pour y entendre, & pour entrer en traité avec luy.

Mais comme ces Peres n'euſſent pas eſté ſatisfaits de cette
aquiſition s'ils n'euſſent eſté maiſtres de toute la Montagne, ils
tâcherēt d'engager un desHermites qui eſtoitPreſtre, & le Frere Reclus dans le party: & ils leur inſpirerent le deſſein de leur
vendre leurs Cellules & celles de leurs Confreres, en meſme
tems que M. Royer leur livreroit la maiſon & l'Egliſe des Preſtres.

Les Iacobins convinrent du prix avec M. Royer & les deux
Hermites. Ils promirent au Pere Hermite cent eſcus de rente,
au FrereReclus trois mille livres une fois payées, & à M.Royer
vn benefice vallant quatorze ou quinze cens livres.

Mais Dieu ayant permis que le Frere Iean Bénar l'vn des
FreresHermites duquel il ſe vouloit ſervir pour diſſiper ce commerce d'iniquité, le découvriſt, & qu'il en donnaſt avis à feu
Monſieur le Penitencier, qui apprit la choſe à M. le Doyen de
Noſtre-Dame à lors Grand Vicaire, M. le Penitencier commanda au Frere Iean de veiller ſoigneuſement ſur tout ce qui
ſe paſſeroit, afin d'empeſcher l'accompliſſement de ce deſor-
dre : ce qui fit que l'Hermite, le Reclus, M.Royer, & les Iacobins tournerent toute leur colere contre luy. Ils le regarderent
tous comme l'unique obſtacle qui ſe preſentoit à leur injuſte
deſſein, & voulurent par toutes ſortes de voyes l'obliger à ſe
taire.

Le P. Iacques & le P. Bruſlé Iacobins vinrent iuſques ſur la
Montagne luy reprocher ſa temerité, & le menacer de le pre-
cipiter du haut en bas, s'ils venoient jamais à bout de leur entrepriſe. Les deux Hermites firent tous leurs efforts auprés de
feuM. lePenitencier pour l'obliger à envoyer le F. Iean dans un
autre Hermitage. Et les uns & les autres d'un commun concert
eurent recours à l'artifice, qu'il y avoit déja long-tems que les
Iacobins avoient preparé, & tâcherent ridiculement de rendre ſuſpecte la foy de ce Religieux, eſperant par là ſurprendre
la pieté de la Reyne Mere, & abuſer de ſon zele pour executer
leur mauvais deſſein.

Mais cette grande Princeſſe ayant commandé à M. de S.
Iean ſon Aumoſnier de s'informer des mœurs & de la foy de

bon Religieux, fut bien-tost éclaircie de son innocence: & par une conduite si pleine de sagesse & de prudence, elle osta aux Iacobins l'esperance de reüssir dans leur projet par cette grossiere calomnie, qu'ils avoient inventée pour le rendre odieux à sa Majesté.

Il ne leur restoit plus pour abbattre le Frere Iean, que la voye de l'interest, qui leur avoit déia si bien reüssi à l'égard de ses Confreres. Ils y eurent recours, & luy firent d'abord proposer une somme notable d'argent par un Religieux d'un ordre celebre. Et long-tems aprés un homme de condition qui le rencontra dans Paris tascha de l'engager à aller chez luy, & luy promit qu'on luy donneroit tout ce qu'il demanderoit, pourveu qu'il voulust abandonner l'affaire des Iacobins. Mais ce Religieux ayant répondu qu'il ne pouvoit ny trahir ses Freres, ny vendre un bien qui ne luy appartenoit point, acheva de ruïner, dans leurs esprits, l'espoir qu'ils avoient conçu de le corrompre: aprés quoy ils n'eurent recours qu'aux injures & aux calomnies.

MM. les Vicaires Generaux établissent de nouveaux Prestres dans la Congregation. Cependant MM. les Vicaires Generaux qui veilloient à la conservation de la Communauté des Prestres du Calvaire, & qui avoient pris resolution de s'opposer aux injustes desseins de M. Royer, le contraignirent de recevoir d'autres bons Prestres en la place de ceux qu'il en avoit chassez, & incorporerent en cette Congregation M. le Feron & M. de l'Estang, le 9. de Iuin 1660.

Les choses estoient en cét estat lors qu'un nouveau desordre de M. Royer fournit aux Iacobins un nouveau pretexte de détruire la maison des Prestres & celle des Hermites. Il fit venir le plus prés qu'il pût de sa demeure une femme, qu'on ne nomme point, de peur d'augmenter la douleur que ses parens, qui sont honnestes gens, ont de sa mauvaise conduite: & il prit avec elle des libertez si honteuses que le scandale s'en répandit en peu de tems dans tous les lieux circonvoisins.

Les Prestres & les Hermites s'en plaignirent à MM. les Vicaires Generaux, qui luy défendirent de voir davantage cette femme. Mais sa passion luy fut plus chere que son devoir: car depuis cette défense le Frere Iean découvrit par hazard qu'il avoit été enfermé seul quelque tems dans le logis de cette femme. Et cette rencontre inopinée accrut tellement l'animosité

qu'ils

qu'ils avoient contre ce pauvre Religieux, que quelques jours aprés sçachant qu'il estoit au logis de Messieurs les Ecclesiasti-ques, ils y montérent ensemble : & l'ayant trouvé qui s'entre-tenoit avec un Prestre amy de ces Messieurs, la femme se jetta sur le Frere Iean avec insolence, & luy déchira son ha-bit, & M. Royer s'attaqua à cet honneste Ecclesiastique, au-quel il donna plusieurs coups. Et comme ils sortirent du logis pour éviter un plus grand outrage, cette misérable poursuivit le Religieux jusques à la porte de l'Eglise, où, bien loin de se ju-stifier d'un si étrange excés en présence des personnes qu'y s'y trouvérent, elle s'emporta en des paroles si impudentes & si dissoluës, qu'elle acheva de se rendre tout à fait inexcusa-ble.

Ce fut le iour de S. Marcel 1660.

Les Prestres & les Hermites voyant que ce mal augmentoit tous les jours, & craignant que le scandale ne vint enfin à re-tomber sur leurs propres personnes, portérent une seconde fois leurs plaintes devant MM. les Vicaires Generaux, qui ordonné-rent aux Prestres de s'addresser à M. l'Official, auquel ils pre-sentérent leur requeste, & qui leur permit de faire informer contre M. Royer.

Il y eut plus de soixante témoins d'entendus, & M. Royer ayant esté interrogé, & quelques-vns mesme des témoins ayant esté confrontez avec luy, M. l'Official ordonna par une Sen-tence interlocutoire, qu'*à la diligence de M. le Promoteur, & at-tendu l'estat de la Congrégation, MM. les Vicaires Généraux seroient requis incessamment d'établir & d'instituër un Ecclésiastique pour re-gir & administrer la Congrégation*.

MM. les Vicaires Generaux à la requeste de M. le Promo-teur, ordonnérent aux Prestres de la Congrégation de s'assem-bler, & de faire élection d'un Supérieur qui eust toutes les qua-litez portées par les Statuts.

Election de M. de la Font pour Superieur de la Congre-gation du Calvaire.

Cette élection se fit dans toutes les formes le 20. du mois de Decembre de l'année 1660. Les Prestres choisirent deux Eccle-siastiques qu'ils nommérent, & qu'ils presentérent à MM. les Vicaires Généraux. Et M. de la Font, Principal du Colle-ge de Narbonne, fut choisi, institué, & confirmé en cette charge par MM. les Vicaires Generaux, le 22. du mesme mois.

Les Iacobins virent bien dés-lors qu'une conduite si judi-

C

cieuse alloit à ruïner leur deſſein. Ils s'attachérent donc plus obſtinément qu'ils n'avoient encore fait à la perte du Frere Iean, & commencérent à méditer celle de M. de la Font Superieur de la Congregation des Preſtres, ſe ſervant dans cette injuſte entrepriſe du miniſtére de M. Royer.

Quant au F. Iean, cette femme, à la ſolicitation de M. Royer, luy fit donner aſſignation pardevant M. le Lieutenant Criminel, pour ſe voir côdamner à luy faire reparation d'honneur. Et parce qu'elle n'avoit point de ſujet veritable de ſe plaindre de luy, elle corrompit des témoins qui ayant depuis reconnu la malice de cette femme qui les avoit employez, & eſtant touchez de leur faute, vinrent ſe jetter aux pieds de ce Religieux, luy promirent de luy faire telle ſatisfaction qu'il luy plairoit, & en paſſérent un acte en bonne forme devant deux Notaires de Paris. Mais cette malheureuſe n'euſt pas l'avantage de joüir du fruit de ſes impoſtures, & de la ſurpriſe qu'elle leur avoit faite. Car dans ce tems-là meſme elle & ſon mary furent bannis pour pluſieurs années, parce qu'ils avoient contrefait une quitance de douze cens livres.

Quant à M. de la Font, les Iacobins pouſſérent M. Royer à appeler comme d'abus au Parlement de la Sentence de M. l'Official : & comme ſi cét appel luy euſt donné licence de mépriſer la perſonne du Superieur, qui avoit été élû en vertu de cette Sentence & de l'Ordonnance de MM. les Vicaires Généraux, il traitta M. de la Font d'vne maniere ſi indigne & ſi inſolente, qu'il le força de s'en plaindre à MM. les Vicaires Généraux qui ordonnérent à M. Royer *de luy rendre l'honneur, le reſpeſt, & l'obeïſſance qu'il luy devoit, ſuivant les Statuts, en qualité de Supérieur, avec défenſe d'y contrevenir, ſous peine de ſuſpenſion.*

Cependant M. de la Font pourſuivoit l'appel comme d'abus au Parlement, où par un Arreſt contradictoire la Cour ayant condamné M. Royer à l'amende, le renvoya le 9. d'Avril 1661. à l'Officialité pour luy eſtre ſon procés fait & parfait.

Le procés donc ſe pourſuivit contre M. Royer devant M. l'Official, non ſeulement pour les déſordres & les déréglemens de ſa vie avec cette femme ; mais encore pour la vente qu'il avoit faite du Mont-Valerien aux Iacobins, & le mépris qu'il continuoit de faire de ſon Superieur. Le procés fut in-

ſtruit dans toutes les formes : & M. l'Official aprés avoir achevé d'ouïr & de confronter les témoins, exclut M. Royer pour
toûjours de la Congrégation du Calvaire, par une Sentence
auſſi contradictoire du 23. de Nouembre 1661.

Pendant que les Iacobins l'employoient au Parlement à faire Les Ja-
cobins ob-
tiennent
par ſur-
priſe des
lettres de
cachet.
caſſer l'élection du M. de la Font, qui avoit eſté faite dans tou-
tes les formes, ils travailloient à la Cour par eux-meſmes & par
le moyen de leurs amis à engager le Roy, par des ſuppoſitions
qui bleſſoient le reſpect qu'ils devoient à ſa Majeſté, à favori-
ſer leur entrepriſe. En effet ils obtinrent par ſurpriſe le 8. d'A-
vril de l'année 1661. une lettre de cachet avec un ordre addreſſé au Grand Prevoſt de l'Hoſtel, à fin de les mettre en poſſeſſion de la Montagne.

Mais MM. les Vicaires Généraux ayant fait connoiſtre au Elles ſont
revoquées
par ſa
Maieſté.
Roy la ſurpriſe de cét ordre, dés le lendemain, qui fut le meſ-
me jour 9. d'Avril que l'appel comme d'abus fut jugé, & que
M. Royer fut renuoyé à l'Officialité par l'Arreſt du Parlement,
le Roy le révoqua ſur l'heure meſme, & commanda à M. de
Guénégaud Secretaire d'Eſtat, de retirer prontement ſes lettres de cachet.

M. le Lieutenant de la Preuoſté, entre les mains de qui l'on
avoit mis l'ordre addreſſé à M. le Grand Prevoſt, le remit entre
les mains de Monſieur de Guénégaud. Mais les Iacobins ne Les pro-
pres ter-
mes du
certificat
de revoca-
tion.
voulurent point rendre la lettre de cachet, qui eſtoit addreſſée à
leur Pere Prieur, ſupoſant qu'ils l'avoient égarée, & commen-
çant par ce mépris injurieux de l'autorité Royale à faire voir
qu'il n'y avoit plus rien capable d'arreſter leur entrepriſe.

En effet ils ſolliciterent ſecrettement pour M. Royer pendant ſon procés : & lors qu'il eut eſté chaſſé de deſſus la Montagne par la Sentence de l'Officialité, il ſe retiroit & mangeoit
chez eux. Et comme ſi les Arreſts & les Sentences n'euſſent ſer- Ils font
un ſecond
traitté a-
vec M.
Royer.
vy qu'à rendre cét homme & ces Peres encore plus inſo-
lens, ils paſſérent entre eux le 14. de Mars 1662. un nouveau
traitté devant des Notaires, que les Iacobins ſe mirent en eſtat
d'éxécuter le 17. du meſme mois, de la maniere du monde la
plus eſtrange & la plus extraordinaire.

On remarqua dés le matin pluſieurs Iacobins aux environs de Les vio-
lences qu'ils
la montagne, qui aprés avoir demeuré quelque tems couchez

dans les vignes , avoir inveſti la place , envoyé reconnoiſtre les lieux, jetté des eſpions & des perſonnes déguiſées dans l'Egliſe pour amuſer les Preſtres ſous prétexte de Meſſes & de Confeſ-ſions, le ſignal eſtant enfin donné, parurent tout d'un coup ſur le haut de la montagne au milieu d'une troupe confuſe de gens armez d'épées & de baſtons, parmy leſquels il y avoit juſques à des laquais: & ils ſe jettérent avec impétuoſité & avec tumulte dans les Chapelles & les Cellules, & remplirent toute la maiſon des Preſtres & celle des Hermites de déſordre & de trouble.

Il n'y eût preſque perſonne entre les Preſtres, les Hermites, & les domeſtiques qui ne reſſentiſt des effets de leurs violences. Mais ils s'attachérent particuliérement à la perſonne de M. de la Font, Superieur de la maiſon, qu'ils arrachérent, pour ain-ſi dire, de l'Autel, où il venoit de célébrer la ſainte Meſſe, & à qui ils ne donnérent pas le tems de ſe déveſtir de ſes habits Sa-cerdotaux, qu'ils le foüillérent inſolemment dans la Sacriſtie pour avoir ſes clefs, & le mal-traittérent d'une maniere fort ſcandaleuſe, ſans réſpecter ny ſon caractére, ny ſon âge qui étoit de ſoixante & douze ans, ny le lieu ſaint où ils eſtoient, le menaçant de le mener en priſon s'il n'obeïſſoit à l'ordre qu'ils ſuppoſoient avoir reçu du Roy.

Cét ordre prétendu eſtoit entre les mains d'une eſpéce d'Exempt, qui marchoit à leur teſte, & qui monſtroit cét or-dre de loin ſans en oſer donner de copie, ny le lire à perſonne. Mais au contraire un des Preſtres de la Congregation, nommé M. de Caux, s'en eſtant voulu éclaircir fut chargé d'injures & de coups de baſtons par des Iacobins & des laquais mélez enſem-ble. Deux de ces Religieux le traiſnérent & luy tordirent les bras avec violence. Ils le menacérent de le faire PENDRE: & tous enſemble le jettérent ainſi hors du logis ſans chapeau & ſans manteau, luy ayant fait toutes les indignitez que la paſ-ſion la plus aveugle peut mettre en uſage.

Ils leverent enſuite inſolemment le ſçélé qui avoit eſté mis par les ordres de la Iuſtice à la chambre de Monſieur Royer pour la conſervation des titres de la maiſon; & ne firent point d'inventaire de ce qu'ils y avoient trouvé. Et ſans garder au-cune formalité de Iuſtice, ils forcérent pluſieurs chambres où il y auoit pluſieurs livres & pluſieurs papiers d'importance qui
appar-

appartenoient aux Preſtres de la Compagnie qui eſtoient ab-
ſens.

Aprés que le P. du Bois, qui eſtoit Prieur des Iacobins euſt
ainſi pris poſſeſſion de la maiſon des Preſtres malgré l'oppoſition qu'y fit ſur l'heure M. de la Font Superieur, avec trois
de ſes Eccleſiaſtiques, il penſa à ſe ſaiſir de celle des Hermites.
Il y vint ſur les onze heures & demie avec un Notaire Apoſtolique, une partie de ſes Religieux, & pluſieurs laïques.

Ils pren-
nent poſ-
ſeſſion
de la mai-
ſon des
Hermites.

Le Frere Iean parut à la porte : & le Notaire luy ayant dé-
claré qu'il venoit prendre poſſeſſion de leurs Chapelles, de leurs
Cellules, de leur clos, de leurs meubles, de leurs immeubles
& de tout ce qui leur appartenoit, ce pauvre Religieux s'eſtant
contenté de luy répréſenter que tout ce qu'ils poſſédoient
eſtoit le fruit de leurs ſueurs & de leur travail, & que Dieu ſe-
roit leur Iuge, le laiſſa entrer avec toute ſa compagnie.

Mais le Pere du Bois ne fut pas pluſtoſt dans la cellule du Frere
Iean, que ſon reſſentiment éclatta contre luy : & aprés luy avoir
reproché d'une maniére fort emportée & fort pleine d'animoſité, que ſans luy il y auroit plus de quatre ans qu'ils ſeroient
placez ſur la montagne, il luy dit, avec un viſage, où la colere &
la vengeance ne paroiſſoient que trop, qu'il falloit qu'il ſe re-
tiraſt promptement, & qu'il ne paruſt plus devant leurs yeux.

Cependant MM. les Eccleſiaſtiques voyant qu'on appuyoit
toutes ces injuſtices & toutes ces violences ſur un ordre prétendu du Roy, & ſur la pretenduë donation de M. le Cardinal de
Retz que les Iacobins ne leur firent ſignifier que long-tems
depuis leur priſe de poſſeſſion, ils envoyérent trois d'entre eux,
ſçavoir MM. Puinet, Tévenin, & Bony vers M. l'Abbé de
Bougy, pour le prier d'en porter leurs plaintes à ſa Majeſté.

Le Roy eut la bonté de l'aſſurer le meſme jour qu'il n'avoit
donné aucun ordre de cette nature, & qu'il leur en feroit fai-
faire juſtice. En effet dés le lendemain 18. du meſme mois de
Mars, il ordonna à M. le Lieutenant Civil d'informer de cette
prétenduë priſe de poſſeſſion : & le Commiſſaire qui y fut envoyé, trouva au pied de la montagne trois autres Preſtres de la
Congrégation, nommez de Caux, du Hamel, & Doyen qui venoient encore ſe plaindre à la Cour des meſmes violences, & y
préſenter leur Requeſte.

D

Leurs in-
sultes à
l'égard
d'vn Com-
miſſaire
envoyé
par le Roy
pour in-
former de
leur vſur-
pation.

Voicy les
propres
termes
du pro-
cés ver-
bal: Vn
d'en-
tre'eux de
grande
ſtature &
de poil
roux, luy
auroit dit,
qu'il eſtoit

Toutes ces plaintes portées devant des Tribunaux ſi ſacrez, & qui devoient eſtre ſi formidables à l'injuſtice, n'arreſtérent point le cours impétueux de celle-cy.

Le Commiſſaire arriva ſur la Montagne comme M. de la Font Supérieur & les autres Preſtres eſtoient à leurs feneſtres, implorãt du ſecours côtre la violence qui leur eſtoit faite alors par des ſoldats, qui les tenoient par force enfermez dans leurs chambres, & qui ſuppoſoient encore, que c'eſtoit par ordre du Roy.

Les juremens & les blaſphémes de ces gens qui les tenoient ainſi priſonniers ; les violences des Iacobins meſmes ſur la perſonne de M. le Feron, l'un des Eccleſiaſtiques de la Congregation, à la veuë meſme du Commiſſaire ; leurs paroles injurieuſes & leurs railleries inſolentes ; leurs poſtures & leurs geſtes indecens ; les noms honteux & infames des farceurs & des bouffons de Théatre, que ces bons Peres prirent pour ſe railler plus inſolemment & plus impunément de l'autorité qui reſidoit en la perſonne de cet officier de la Iuſtice, & en vertu de laquelle il agiſſoit & leur demandoit leurs veritables noms, ſont rapportez exactement dans ſon information & dans ſon procez verbal, & font voir que ce n'eſtoit pas aſſeurément l'eſprit de Dieu qui animoit les Iacobins. mais, ſelon les paroles de l'Evangile, l'eſprit de celuy, dont ils feſoient les actions, & dont ils ſuivoient ſi aveuglément la conduite.

Iacobin Réformé du Convent de S. Honoré, & qu'il ſe nommoit Frere Iean des An-
taumurs: quelques-vns ſe donnèrent d'autres noms ; un dit qu'il ſe nommoit Guil-
laume de Belles-armoires, & l'autre Olivier.

En effet le Commiſſaire n'euſt pas plus-toſt reçu les plaintes des Freres Hermites, que les Iacobins commencérent à s'en venger. Ils en chaſſérent deux ſur le champ : & le P. la Caille dit au Frere Iean, qui en eſtoit un, *qu'il eſtoit écrit ſur le livre rouge, qu'il n'avoit qu'à prendre garde à luy, qu'on luy jouëroit vn tour auquel il ne s'attendoit pas, & qu'on le mettroit en un lieu d'où il ne ſortiroit jamais.* De ſorte que ce bon Religieux & ſon compagnon vinrent ſe jetter le Mardy d'aprés qui eſtoit le jour de S. Benoiſt, aux pieds de la Reyne Mere qui eſtoit au Val-de-grace, & & qui aprés les avoir aſſurez que les Iacobins n'avoient aucun ordre du Roy, leur commanda de s'en retourner chez eux dans leurs Cellules.

Depuis ce tems-là iufqu'au mois de Novembre de la mefme année 1662. les Iacobins tafchérent par leurs mauvais traite-mens de laffer la patience des Preftres & des Hermites qui s'eftoient confervez fur la Montagne malgré les infultes de ces Religieux : Et les Iacobins contre les propres termes de l'Ar-reft du quatriefme d'Avril, qu'ils avoient obtenu fur une fim-ple requefte remplie des faux expofez, & par lequel il étoit défendu *de rien attenter de nouveau ny de part ny d'autre*, em-péchérent tout d'vn coup M. de la Font Supérieur, & M. Baillu Vicefupérieur, de porter le furplis, & ne voulurent plus leur laiffer dire la Meffe, finon aux lieux & aux heures qu'il leur plai-foit.

Et par ce qu'un jour ce dernier, ne tenant pas qu'il fuft fort obligé d'avoir cette complaifance pour ces bons Peres, mit fon furplis pour aller à l'Eglife, en punition, ainfi qu'ils le di-foient, ils luy refuférent à manger ce jour-là. Ils ne voulurent plus que ces Ecclefiaftiques confeffaffent ny qu'ils fiffent leurs exhortations au peuple comme ils avoient de coûtume : & fans avoir égard au grand âge de M. de la Font, ils luy oftérent la li-berté de fe faire aprefter de la viande quoyque ce fuft à ces pro-pres dépens, & qu'il luy fuft impoffible de s'accoûtumer à la nourriture du poiffon : ce qui luy caufa une grande maladie dont il fut en danger de mourir.

Mais enfin cette maniére de fe défaire de fes ennemis parut trop longue aux Iacobins. Ils ne gardérent plus de mefure : & ils prirent occafion de renouveler leurs violences, d'une action qui devoit leur donner de la confufion & de la douleur de les avoir commifes.

Le feptiefme du mois de Novembre les Preftres de la Congrégation qui avoient été obligez de fe retirer de la Montagne par l'intrufion des Iacobins, y étant venus avec quelques autres Eccléfiaftiques de leurs amis, pour vifiter ceux de leurs Confréres qui ne s'eftoient pas encore retirez, les trouvérent feuls dans la Maifon, fans qu'aucun des Religieux paruft.

Leurs en-treprifes depuis l'Arreft du 4. d'Avril.

Les portes eftoient ouvertes, & les clefs penduës der-riére à l'un des verroux : de forte que furpris de cette aventu-re, & penfant que les Iacobins touchez de quelque remors avoient abandonné les lieux (comme on fçavoit fort bien dans le monde que plufieurs de leurs amis le leur avoient confeillé) & croyant que Dieu leur préfentoit vne occafion fi favorable pour rentrer en poffeffion de leurs biens & de leurs maifons, fans exciter de fcandale & fans intenter de procés, ils envoyérent querir les Officiers de la Iuftice de Nanterre pour dreffer un procés verbal de l'eftat des lieux, & faire un inventaire des meubles. Et ils crurent qu'il leur eftoit permis de demeurer dans un lieu qui leur apartenoit légitimement, & qu'ils s'imaginoient que les Iacobins avoient tout à fait abandonné.

Mais ces Péres fçeurent bien profiter de cette crédulité, & firent bien-toft voir par leur côduite, que ç'à été avec beaucoup de fujet qu'un Prophéte a dit, que plus l'efprit de l'homme eft fage à faire le mal, plus il fait de mal. Car ils prirent de là occafion de faire paffer la vifite innocente de ces bons Preftres pour une entreprife criminelle. Et trois de ces Religieux étant revenus fur le foir, & ayant apris ce qui fe paffoit, au lieu d'entrer dans la maifon, où on les auroit reçus avec la mefme civilité avec laquelle on traita leur P. d'Héricour, lors que les Officiers de la Iuftice de Nanterre le trouvérent dans fa chambre en fefant leur vifite, comme il le témoigna luy mefme le lendemain en préfence de plufieurs perfonnes en fe loüant du bon traitement qu'il avoit reçu, ils allérent faire vne bréche à la muraille du clos, afin de donner par cette action étudiée quelque fpécieux prétexte aux artifices & aux violences qu'ils préparoient.

M.de la Font ayant apris qu'ils étoient entrez en une cellule, qui eft dans le clos & qui eft détachée de la maifon, enuoya deux Eccléfiaftiques les fuplier d'une maniére fort obligeante & fort civile de venir reprédre leurs chambres au moins jufqu'à ce que les chofes fuffent décidées, & n'omit rien de ce qui pouvoit les inviter à rentrer dans la Maifon: car il leur envoya mefme la collation dans la cellule où ils fe tenoient.

Mais ils refuférent avec opiniaftreté toutes ces offres : & toutes les inftances de ces Meffieurs furent inutiles. Les Iacobins affectérent de demeurer en ce lieu incommcde pour convrir du pretexte de la dureté prétenduë qu'ils vouloient pouvoir un jour alleguer que les Preftres avoient exercée contre

eux,

*Ierem.*4. 22.

eux, la vengeance outrageufe & fanglante qu'ils méditoient,
ils dirent qu'ils ne pouvoient rien faire de ce qu'on leur propo-
foit fans avoir reçu l'ordre de leur Pere Vicaire, & ne dirent
plus rien qu'ils n'accompagnaffent de plufieurs menaces, qu'on
ne rapporte point icy en particulier de peur que ce difcours
n'ennuye les perfonnes qui prendront la peine de le lire.

Dés le lendemain plus de deux heures avant le jour on vit arriver fur la Montagne une troupe d'environ vingt Iacobins qui
firent d'abord vn grand bruit & de grandes menaces : & quelques heures aprés ils tafchérent par des paroles féditieufes de
faire foûlever contre les Preftres & les Hermites plufieurs perfonnes que le bruit avoit attirées fur la montagne.

Cependant les principaux d'entre les Iacobins travaillérent *Ils obtiê-*
à Paris avec tant de diligence & tant de fuccés, que s'étant pour *nent par*
veus au Confeil des Finances fous prétexte de la ceffation du *furprife*
Parlement, & dans l'efpérance d'y trouver plus d'accés & plus *vn Arreft*
d'avantage, obtinrent par furprife ce jour là mefme, qui étoit *du Con-*
le huictiéme de Novembre, trois jours feulement avant la Saint *feil.*
Martin, vn Arreft fur Requefte au rapport de M. de Fieus, par
lequel, fans avoir entendu les parties, fans aucune connoiffance de caufe, fans aucune information, & fur les feulles plaintes
qu'ils avoient faittes fans fondement ; de ce qu'on les avoit
chaffez, il fut ordonné qu'ils feroient *réintégrez, & enjoint aux*
Preftres, qui eftoient entrez, de fe retirer.

Mais au lieu de faire au moins fignifier dans les formes un *Ils l'éxe-*
Arreft de cette nature, & faire les injonctions prefcrittes, les *cutêt avec*
Iacobins craignant de trouver trop de facilité dans l'éxécution *la dernie-*
de cét Arreft, & de n'avoir pas lieu de fe défaire entiérement *re violen-*
des perfonnes qui s'oppofoient à leur deffein, fongérent à l'é- *ce & fans*
xécuter par furprife & fans en donner avis, comme ils l'avoient *l'avoir*
obtenu fans connoiffance de caufe. *fait figni-*
fier.

Dés le foir donc du mefme iour les Iacobins, qui étoient fur
la Montagne, ayant apris que leurs Confréres avoient obtenu
cét Arreft, redoublérent leur infolence. Ils pafférent & repaf-
férent plufieurs fois pardeffus les murailles du Calvaire, dont
les portes étoient fermeés, parce que l'on avoit aperçu qu'ils
avoient des armes, & que l'on avoit crû fe devoir tenir ainfi
paifiblement à couvert des infultes qu'ils vouloient faire. Ils

E

n'exercérent donc leurs violences qu'au dehors, en empeſchant d'entrer dans la maiſon ceux qui alloient y porter les choſes qui eſtoient néceſſaires aux Preſtres ; en battant & outrageant les perſonnes qu'ils croyoient n'eſtre pas de leur party ; & en tirant durant la nuit pluſieurs coups de fuſil, pour tenir ceux de dedans en alarme & en inquietude.

Tous les peuples circonvoiſins s'aſſemblent à ce funeſte ſpectacle. Tout le monde a compaſſion de ces Preſtres & de ces Hermites qu'on voit en eſtat d'eſtre traittez ſi crüellement. On condamne la violence des Iacobins. On s'eſtonne que des perſonnes Religieuſes ſoient ſi injuſtes & ſi inhumaines ; que des Preſtres chaſſent d'autres Preſtres avec tant de violence ; que des Religieux perſécutent ſi obſtinémēt d'autres Religieux ; que pour ſe rendre Maiſtres d'un bien qui ne leur appartient point, ils attentent ſur les perſonnes & ſur la vie des légitimes poſſeſſeurs ; qu'ils ſoient aſſez hardis pour commettre tous ces excés en public, à la veuë de Paris & du Parlement ; en un mot qu'ils proſtitüent & leur conſcience, & leur reputation, & leur propre honneur.

Mais toutes ces conſidérations, dont les plus groſſiers meſme du peuple eſtoient touchez, ne firent aucune impreſſion dans les cœurs de ces bons Péres.

Le lendemain, qui étoit le 9. du mois, ſur les neuf heures du matin, ils allérent forcer la maiſon appelée l'hoſpice des Pellerins, laquelle eſt proche de celle des Preſtres. Ils rompirent les portes de la cour, & celle de la chambre de M. Lyédet Preſtre de la Congrégation. Ils commirent pluſieurs excés & pluſieurs outrages ſur ſa perſonne, le jettérent dehors par force, mal-traittérent ſes domeſtiques, & pillérent tous ſes meubles & tous ſes papiers.

Environ deux heures aprés ils groſſirent leur troupe d'un grand nombre d'archers, d'exempts, & de ſoldats, tous armez d'armes à feu & chargez d'échelles, de pinces, de leviers, & d'autres machines propres à rompre des portes : & ſans faire ny ſommation, ny ſignification d'Arreſt, non plus que le jour précedent, ſans parler meſme à aucun des Preſtres, ny ſe faire voir à eux en cét équipage terrible. Ils allérent d'abord par derriére la maiſon planter leurs échelles contre la muraille du clos, &

Appliquérent en mesme tems leurs machines contre toutes les portes avec un bruit & un tintammarre épouventable.

Les Iacobins estoient présens, & donnoient les ordres par tout, il y en eut mesme qui se mirent à la teste des autres, & qu'on vit monter les premiers à l'escalade, l'épée nuë à une main, & le pistolet à l'autre, criant d'une commune voix avec les Archers : *Tüe, Tüe, point de quartier, mains basse, il faut en mettre d'abord cinq ou six sur le carreau, pour faire peur aux autres,* y meslant des termes si sales, & si honteux, & accompagnez de blasphemes & de juremens si éxécrables, qu'on n'oseroit les rapporter.

M. de la Font Supérieur de la Congrégation qui a toûjours esté, depuis son élection, un des principaux objets de leur ven-geance, fut encore àlors la principale victime immolée à leur fureur.

Ce bruit surprenant & inopiné l'ayant attiré à la fenestre pour en sçavoir la cause, & voyant un homme de cheval qui couroit par la place, il le pria civilement de luy dire s'il y avoit quelque ordre ou quelque Arrest, & qu'il feroit aussi tost ouvrir les por-tes : à quoy ce Cavalier, qu'on a sçu depuis estre le sieur l'As-nier Prevost de l'Isle, & qui craignoit d'avoir pour témoins de l'assassinat qu'il avoit concerté avec les Iacobins tout le peu-ple qui estoit répendu dans la place, luy ayant répondu que ce-luy qui l'avoit, estoit de l'autre costé, M. de la Font se transpor-ta promtement & de bonne foy à une gallerie haute qui regarde sur le derriere de la maison, & comme il disoit avec civilité & le bonnet à la main que s'il y avoit là quelqu'un qui eust vn ordre, ou un Arrest, qu'il feroit ouvrir, On entendit deux voix qui or-donnérent de tirer sur luy, & un autre ensuitte qui répondit en ces termes infames & honteux. *Tien b.... Voyla l'ordre,* & en mes-me tems deux coups de fusil luy furent tirez dans la teste, dont il tomba à la renverse, criant : *Ie suis mort,* & demandant un Prestre.

Dans ce mesme instant toutes les portes furent brisées. L'E-glise, la Maison, & l'Hermitage furent forcez comme des places de guerre. Les Iacobins, les Paysans, les Archers, & les Soldats pesle-mesle se jettérent par tout. Ils déchargérent indifférem-ment des coups de fusil & de bastons sur tous ceux d'entre les

Preſtres & leurs domeſtiques qui tombérent ſous leurs mains.

Quelques Eccleſiaſtiques penſant ſe ſauver dans l'Egliſe, comme dans un aſyle aſſuré, proſternez comme ils eſtoient aux pieds des Autels, qu'ils tenoient embraſſez à deux mains & à genoux, en furent arrachez par les cheveux, & traiſnez comme des criminels ſans reſpect ny du lieu, ny de leur caractére.

Vn pauvre Boulanger de Nanterre qui venoit d'arriver avec du pain, qu'il apportoit pour les Preſtres, fut aſſaſiné dans le jardin des Hermites, où il eſtoit ſeul, ſans armes & ſans baſton. Il y fut percé de deux coups de fuſil dans les reins, dont il mourut peu de tems aprés.

Sa veuve fut preſque aſſommée de coups de baſtons. On l'arracha d'entre les bras de ſon mary mourant, & par un excés de crüauté on l'empécha de luy donner la ſépulture, & on la menaça de le pendre par les pieds, & de le jetter à la voirie.

De pauvres payſans furent liez & garottez comme des captifs, puis volez & battus outrageuſement ; & enfin rançonnez par les Iacobins meſmes pour leur faire racheter leur liberté par de l'argent.

L'Egliſe & les Maiſons de l'Hermitage, furent pillées. Tout ce qui eſtoit en dépoſt chez les Hermites fut enlevé. Les Iacobins cherchérent par tout le Frere Iean pour luy faire reſſentir les effets des menaces qu'ils luy auoient faittes tant de fois ; & par une fureur incroyable, les tombes du cimetiere furent briſées pour y chercher ce pauure Religieux au milieu des morts, & luy arracher meſme la vie dans le ſein du tombeau.

Cependant M. de la Font eſtoit couché dans une galerie les yeux hors de la teſte, & tout couvert de ſang. Chacun luy paſſoit pardeſſus le corps ſans eſtre touché de l'extrémité où il eſtoit : & bien qu'il employaſt ce qui luy reſtoit de voix à demander vn Preſtre, jamais ils ne voulurent permettre qu'il en vinſt vn ſeul, ny qu'on luy donnaſt aucun ſecours.

Vn nommé du Hamel voulant ſe mettre en devoir de luy en procurer quelqu'vn, fut en meſme tems ſaiſi. On luy lia les mains derriere le dos. On luy enleva tout ce qu'il avoit, & on *Conduite* l'expoſa de la ſorte au milieu de la court, où M. le Lieutenant *étrange* Criminel eſtant alors arrivé avec Madame ſa femme, que l'eſ- *du Lieu.* perance du butin y auoit attirée, cette Dame entrant tout d'vn

coup

coup en fureur fans qu'on luy en donnaft aucun fujet, donna *tenant*
plufieurs foufflets & plufieurs coups de poing à ce pauure hom- *Criminel.*
me, joignant les injures & les outrages à une aveugle violence.

Le Lieutenant Criminel ayant alors demādé à un de la troupe fi l'Arreft avoit efté fignifié, & cét homme luy ayant répondu que non, il luy ordonna de l'aller fignifier tout à l'heure. Et
comme on luy euft remontré que M. de la Font, auquel il l'auroit fallu fignifier comme Superieur de la Congrégation, fe
mouroit, *il n'importe*, dit-il, *qu'on le luy fignifie, afin qu'il meure
au moins cét exploit à la main.* Et comme s'il n'y euft point eû là
de miniftre plus propre que ce Magiftrat à faire cette infulte à
un mourant, il monta luy-mefme dans la galerie, où ayant trouvé M. de la Font étendu fur la place, il luy fit luy-mefme la fi-
gnification & la lecture de cét Arreft : & aprés luy avoir pris fes
clefs, il fe retira, & le laiffa en ce déplorable eftat, fans luy faire donner aucun fecours.

Il paffa enfuite avec fa femme dans une des Cellules de la
Congrégation, où ils tinrent leur feance, & firent amener devant eux tous les Preftres de la Congrégation, aufquels ayant
demandé fi on leur avoit fignifié l'Arreft du Confeil, & tous
luy ayant répondu que non, & qu'ils n'en avoient aucune connoiffance, il leur dît qu'il alloit donc le leur fignifier luy-mefme,
& leur en lût quelques lignes par forme. Et quoy que M. Bail-
lu Vice-Superieur luy remontraft que cét Arreft n'eftoit que
pour les Preftres qui eftoient entrez de nouveau dans la maifon, & non pas pour ceux qui y auoient toûjours demeuré, &
particuliérement pour luy qui n'en eftoit prefque point forty
depuis vint-cinq ans, & y auoit mis tout fon bien; & qu'il le con-
juraft de luy permettre d'affifter le Supérieur qui fe mouroit, M.
le Lieutenat Criminel, à l'inftance des Iacobins, les fit tous fortir fur l'heure mefme, & les pouffant de fes propres mains par
les efpaules, dît, que *quand M. de la Font mourroit, cela n'eftoit
rien, & que ce feroit un Preftre mort,* avec plufieurs autres difcours
femblables, où il paroiffoit affurément beaucoup d'injuftice
& de paffion.

Le foir eftant arrivé, les Iacobins, qui avoient fait plufieurs
fois une recherche trés-exacte dans la maifon des Hermites,
pour y trouver le Frére Iean, & qui avoient fqurré leurs épées

nuës dans tous les endroits où ils croyoient qu'il pouvoit eſtre caché, pour l'obliger à ſe découvrir luy-meſme par les playes qu'il luy auroient faittes, prirent réſolution de veiller la nuit,& de faire la ronde pour empécher qu'à la faveur de l'obſcurité il ne ſe dérobaſt à leur vengeance. Mais Dieu,par une protection particuliere l'ayant conſervé pendant le jour dans un lieu où il n'eſtoit qu'à deux ou trois pas d'eux, & où il entendoit toutes les inſtances que le Pére du Bois faiſoit pour le faire *trouver mort ou vif , quand meſme*, diſoit-il, *il feroit cent pieds fous terre*, permit qu'aprés avoir tenté pluſieurs fois le moyen de ſortir ſans en eſtre apperçu, enfin il ſe ſauvaſt ſur les trois heures aprés minuit par deſſus les murailles avec une ſimple robbe,qui ne pût le deffendre de la rigueur d'un froid inſupportable , qui penſa luy oſter la vie, que les armes des Iacobins ne luy avoient pû ravir.

Ces Péres ayant donc perdu l'eſpérance de le trouver, & voulant étouffer dans ſa naiſſance la mémoire de tãt de crimes en faiſant mourir iuſques à ceux qui en avoient eſté témoins, tournérent toute leur fureur contre cinq pauvres habitans de Nanterre, dont ils s'eſtoient ſaiſis : & les ayant mal-traittez durant deux jours fort crüellement, pendant leſquels ils s'accommodoient avec leurs parens & leurs amis qui s'efforçoient de les rachetter de cét eſclavage , ils les envoyérent dans les cachots du Chaſtelet de Paris, où ils les ont retenus vn mois entier, employant tous les artifices & toutes les chicanneries imaginables, pour empécher leur liberté, qui leur fut enfin accordée par l'Arreſt du 7. de Décembre.

Pour ce qui eſt de M. de la Font, ils le tinrent enfermé à leur diſcrétion,ſansſouffrir qu'aucun de ſes amis luy donnât le moindre ſecours , iuſques à ce qu'ils eurent obtenu un decret de priſe de corps contre luy,contre quelques Preſtres,contre lesHermites , & contre les Officiers de la Iuſtice & les habitans de Nanterre, que le LieutenantCriminel n'eut pas de peine à leur accorder, ayant luy-meſme aſſez d'intereſt à rendre toutes ces perſonnes criminelles , & à faire valoir le procés verbal remply de fauſſetez qu'il avoit luy-meſme dreſſé à Surenne pour juſtifier ſa propre conduite.

Pendant cét intervalle qui fut de ſix jours entiers , les Iacqbins ne voulurent jamais souffrir que l'on mist M . de la Font dans son lit ny dans sa chambre; mais ils le firent mettre dans un petit grenier qui est au dessus dans vn lit de vallet. Plusieurs Ecclésiastiques & plusieurs personnes d'honneur de ses amis vinrent exprés sur la Montagne pour le visiter & luy amener de bons Chirurgiens. Mais les Iacobins les renvoyérent rudement, sans vouloir souffrir qu'aucun d'eux y entrast pour l'assister & luy rendre le secours dont il avoit besoin. Et enfin s'estant persüadez que ses playes estoient mortelles, & qu'il estoit en grand danger, ils le renvoyérent promptement dans un carrosse de loüage, afin qu'il mourust hors de chez eux, mais en effet au hazard de le faire mourir sur le chemin, veû l'extremité où ses blessures & leur mauvais traittement l'avoient réduit.

Ils couronnérent enfin toutes ces horribles violences par celle qu'ils exercérent, en vertu du decret de prise de corps du Lieutenant Criminel, sur la personne du Iuge de Nanterre, qu'ils arrachérent d'entre les bras de sa famille, & qu'ils mirent prisonnier, pour avoir reçu la plainte, & fait l'information de tous ces effroyables desordres.

Voilà par quels degrez les Iacobins Réformez sont montez sur le Mont-Valérien. Voilà comme ils ont fait de ce lieu de piété & de dévotion un Theatre de sang & de carnage. Et voilà comme ils ont achevé, mais à contre-sens, le dessein qu'on avoit eû de réprésenter sur ce nouveau Calvaire les mystéres de la Passion du Sauveur, en y renouvelant dans la persecution qu'ils ont faitte à des personnes innocentes & à des Ministres de Iesus-Christ, les injures, les calomnies & les violences que les Prestres & les Pharisiens, qui estoient les Religieux des Iuifs, employérent autrefois pour perdre Iesus-Christ, & pour ruïner l'Eglise dans sa naissance.

Mais comme ils ont tasché depuis de donner quelques pretextes spécieux à de si grandes injustices il faut maintenant examiner sur quels principes ils se sont efforcez d'appuyer une vsurpation si manifeste, & par quelles espéces d'enchantemens ils ont cru pouvoir surprendre la lumiére des Iuges, & la crédulité des peuples.

Par quels moyens les Iacobins Réformez prétendent se maintenir dans l'vsurpation du Mont Valérien.

AFin de procéder avec plus de netteté & plus de fidélité dans la déduction de tout ce que les Iacobins ont allégué dans leur Factum & dans leur Ecrit, il faut distinguer exactement les intérests de la Congrégation des Prestres d'avec ceux de la Communauté des Hermites, & éxaminer tous les moyens généraux & particuliers, dont ils se servent pour donner atteinte au droit des uns & des autres, & pour justifier & soustenir l'invasion qu'ils ont faite de tous leurs biens. Car ce sont là les deux voyes dont ils se servent pour deffendre leur prétenduë prise de possession. Par la première ils taschent d'affoiblir le droit des Prestres & des Hermites; & par la seconde, ils s'efforcent d'établir celuy qu'ils prétendent avoir sur le Mont-Valérien, & dont ils se sont mis en possession, comme on a vû, à la pointe de l'épée.

Les moyens particuliers dont les Iacobins se servent pour affoiblir le droit des Prestres du Calvaire.

POur commencer par ce qui regarde les Prestres du Calvaire en particulier, les Iacobins voyant qu'ils ne pouvoient pas prétendre que leur Congrégation n'eust eû dans son établissement tout ce qui estoit nécessaire selon les loix de l'Estat pour la rendre ferme & inébranlable, puis qu'elle a esté, comme on a vû d'abord, instituée par un si saint Homme, approuvée & confirmée par un si digne Archevesque, établie par deux si grans Roys, protégée par une si pieuse Reyne, & honorée enfin de tant de Lettres patentes, de tant de Statuts, de tant de contrats & d'autres actes enregistrez ou homologuez au Parlement, qu'il y a peu de Communautez en France qui ayent des titres plus authentiques de leur établissement, les Iacobins, dis-je, ont eû recours à un autre artifice.

Et ils prétendent I. qu'encore que nulle des solemnitez requises

quiſes n'ait manqué à ſon établiſſement , & que l'autorité de l'Egliſe & du Roy y ayent concouru, elle n'a pourtant point eû d'établiſſement ſolide : 2. que les Preſtres qui en ſont les membres & qui la compoſent, n'ont aucune qualité qui les rende parties , ou leur donne droit de conteſter en cette cauſe : 3. qu'ils n'y ont aucun intéreſt.

Ils juſtifient la premiére partie de leur prétention, qui eſt que cette Communauté n'a jamais eu d'établiſſement ſolide. 1. par la mort précipitée de M. Charpentier, qui en eſtoit inſtituteur , & qui mourut en 1650. 2. par le petit nombre des ſujets qui l'ont compoſée depuis, & qui n'eſtoit pas ſuffiſant, diſent-ils, pour remplir celuy qui eſt porté par les Statuts : 3. par les troubles où elle a eſté ſujette juſques en 1660. 4. par les déſordres prétendus de quelques-vns des membres de cette Communauté , *qui ont bien fait voir* , diſent-ils, *qu'ils n'eſtoient pas animez de l'eſprit de pieté & de dévotion* qu'avoit leur Inſtituteur.

I. *Ils diſent que cette Congrégation n'a point eû d'établiſſemēt ſolide.*

Mais on ſoûtient au contraire qu'il n'y a rien qui affermiſſe davantage cét établiſſement, que toutes ces circonſtances particuliéres : & que vouloir qu'il n'ait jamais eû de ſolidité, parce que les Iacobins ont excité beaucoup de troubles dans cette Congrégation par les intrigues de M. Royer, avec qui ils avoient traitté pour la ruïner, ou parce que les mœurs de ce M. Royer ont eſté fort dépravées, c'eſt comme ſi l'on vouloit juſtifier que cette Congrégation n'a jamais eû d'établiſſement ſolide, parce que les Iacobins ſouhaittent qu'elle n'en ait point, & qu'il y a long-tems qu'ils travaillent en effet à la détruire: Ou, par exemple, que les Iacobins Réformez n'ont jamais eû eux-meſmes de ſolide établiſſement en France, & qu'ils n'en ont point en effet, parce qu'ils ont commis contre les Preſtres & les Hermites du Calvaire des excés & des crimes effroyables.

Car on peut bien prouver par là , qu'vne Communauté, comme la leur, qui ſouffre ſans horreur de ſi grans déſordres dans les principaux membres qui la compoſent, & qui bien loin de les condamner les ſoûtient & les deffend hautement , mérite d'eſtre abolie par les loix, & d'eſtre renverſée par l'autorité des Magiſtrats. Mais on ne ſçauroit pas montrer par là , qu'elle n'a jamais eû d'établiſſement véritable ; ny qu'vne Communauté , comme celle des Preſtres du Calvaire, qui s'eſt oppo-

fée fortement aux déréglemens de M. Royer, & qui n'a fouffert
le trouble qu'on luy reproche aujourd'huy , que parce qu'elle
n'a pû endurer fes vices , ne mérite pas la protection de toutes
les perfonnes qui aiment l'équité , & qui déteftent le vi-
ce.

Il eft vray que la mort de M. Charpentier, eftant arrivée le
10. de Décembre de l'année 1650. précéda la vérification que
le Parlement fit le 13. des derniéres Lettres patentes que le Roy
avoit accordées à cette Congrégation. Mais il eft auffi vray que
cette feule circonftance fuffit pour ruïner toutes les prétentiõs
des Iacobins , puis qu'elle prouve clairement que cét établiffement a trouvé fa derniere perfection dans le poinct mefme
qu'ils marquent de fon plus grand affoibliffement.

En effet, n'eft-il pas ridicule de prétendre , comme ils font,
que la folidité d'un établiffement dépend du nombre des fujets
qui y contribüent, & non pas de la confirmation des Evefques,
des Lettres patentes du Roy , & de la vérification qui en eft
faite au Parlement?

Et fi cela eftoit ainfi , ne s'enfuivroit-il pas qu'il n'y auroit
aucune Communauté Religieufe qui euft eu vn folide établiffement en France, & dont les Iacobins Réformez ne puffent
s'emparer ; puis qu'il n'y en a prefque point qui n'ait commencé par un petit nombre ; & qu'il y en a mefme encore beaucoup
qui ne laiffent pas de fubfifter & de joüir de tous les priviléges
des Communautez régulieres , quoy qu'il y ait fort peu de Religieux ?

Mais fi la fauffeté de ce principe paroift évidemment , lors
qu'on l'applique aux autres Communautez, elle eft encore bien
plus manifefte, lors qu'õ l'applique à celle du Calvaire, püis que
le nombre des Preftres, qui la doivent cõpofer, n'eft prefcrit ny
par les Statuts , ny par les conftitutions ; que c'eft le feul con-
cours du peuple & les feuls befoins de ceux qui y vont en dévotion , qui le doivent régler ; & que le feul deffein de M. l'Archevefque dans fes Lettres de conceffion a efté de marquer *jufques
où* ce nombre pouvoit aller, tout *au plus*, & non pas d'ordonner
vn nombre certain. *Nous avons permis* , dit-il , *& permettons par
ces préfentes audit Maiftre Hubert Charpentier de .... choifir des
Preftres jufqu'au nombre de* 13. *au plus pour eftre affociez avec luy.*

Permettre, n'eſt pas enjoindre. Accorder une choſe, n'eſt pas y obliger. Et les Iacobins n'ont pas lieu d'inſiſter ſur ce nombre, puis qu'ils ne ſçavent que trop par leur propre expérience qu'il n'eſt pas toûjours néceſſaire ; & meſme que depuis qu'ils ſont ſur la Montagne il y a eu ſi peu de leurs Religieux, qui y ayent réſidé, que quelques perſonnes y eſtant venuës les feſtes ſur les 10. à 11. heures, n'y ont point trouvé de Meſſe, ce qui n'eſtoit jamais arrivé du tems que les Eccléſiaſtiques eſtoient ſur la Montagne.

Que ſi les Iacobins alléguent qu'ils y ont envoyé de leurs Péres les grandes Feſtes, on leur répond que les Preſtres de la Congrégation ont touſiours eu ſoin de faire venir des Eccléſiaſtiques de Paris, outre le nombre de huit qu'ils eſtoient, comme on a déja vu, lors que les Iacobins les ont chaſſez : & ces Péres ne ſçauroient marquer aucune feſte, où il n'y ait pas eu ſur la Montagne des Preſtres ſuffiſamment pour ſatisfaire à la dévotion des peuples, quelque affluence qu'il y en ait eu.

Aprés tout, il ne s'agit point icy de conſidérer ce qu'eſtoit cette Congrégation dans le tems, où M. Royer s'en eſtoit rendu le Maiſtre, pour en rendre les Iacobins poſſeſſeurs ; qu'il en avoit chaſſé les principaux membres, à fin de vivre avec plus de libertinage ; & qu'il empeſchoit & détournoit beaucoup d'honnétes Eccléſiaſtiques d'y entrer, quoy qu'ils le ſouhaittaſſent avec beaucoup de zéle & d'ardeur. Il faut la conſidérer dans le tems où les Iacobins l'ont attaquée à force ouverte, & l'ont emportée par violence.

N'a-ce pas eſté aprés que MM. les Vicaires Généraux ont eu admis dans la Congrégation des Eccléſiaſtiques d'autres bons Preſtres en la place de ceux que M. Royer en avoit chaſſez? N'a-ce pas eſté aprés qu'ils y ont eu fait établir, & qu'ils y ont eu confirmé par leur autorité un Supérieur à la pluralité des voix, & ſelon toutes les régles portées par les Statuts; aprés que l'élection de ce Supérieur, & l'incorporation de ces nouveaux membres, ont eſté confirmées par pluſieurs ordonnances des Vicaires Généraux par pluſieurs Sentences de l'Official, & par vn Arreſt du Parlement?

Enfin n'a-ce pas eſté dans le tems meſme que le ſeul éloignement de M. Royer avoit fait faire plus de progrez à cette Con-

grégation en quatre mois qu'elle n'en auoit fait depuis plufieurs
années, & que l'afflüence des peuples, qui revenoient en foûle fur la Montagne, faifoit affez connoiftre que Dieu alloit ré-
pandre de nouvelles bénédictions fur la France par ce faint in-
ftitut.

Ces faits, qui font trés-conftans, & que les Iacobins ne peu-
uent révoquer en doute, fuffifent pour ruïner la feconde partie de leur prétention, & faire voir que M. de la Font, qui eft
Supérieur de la Congrégation, & tous les autres Preftres qui la
compofent, ont toutes les qualitez néceffaires pour s'oppofer
à leur vfurpation.

Et pour commencer par la perfonne de M. de la Font, il eft
certain que, quand mefme quelqu'une des formalitez portées
par les Statuts auroit manqué à fon élection, elle ne laifferoit
pourtant pas de devoir fubfifter, parce que MM. les Vicaires Généraux à qui il appartenoit de difpenfer des régles faites par
l'autorité de M. l'Archevefque, dont ils eftoient dépofitaires,
en avoient pû difpenfer la Congrégation, veu l'eftat déplorable où elle auoit efté reduitte par les intrigues des Iacobins, &
le befoin preffant qu'elle avoit d'un chef capable de la deffendre & de la conferver contre leurs entreprifes.

Mais cette élection n'a point befoin de cette confidération
pour fubfifter, puis que M. de la Font a efté éleü à la pluralité
des voix, préfenté par les Preftres de la Congrégation à MM.
les Vicaires Généraux, & choifi, étably, & confirmé par eux
dans cette charge felon les Statuts : puis que fa qualité qu'on
luy objecte de principal du College de Narbonne, où il n'y a
point d'éxercices, ne l'obligeant point à y réfider, n'eftoit pas
incompatible avec celle de Superieur de cette Congrégation,
qui ne l'obligeoit pas non plus à s'en deffaire, parce qu'elle luy
eftoit conteftée par les Iacobins fous le nom de M. Royer, &
qu'aprés tout il ne s'agiroit tout au plus que de le faire opter.

Et enfin puis qu'il ne faut point douter qu'il n'ait tout le mérite
& toute la capacité neceffaires pour remplir un fi digne employ,
aprés que les Iacobins qui l'ont fi peu épargné dans fon corps, &
qui l'ont fi crüellemét traitté depuis, n'ont ofé dõner aucune atteinte à fa vertu, & ont efté contraints d'avoüer publiquement

qu'ils

qu'ils avoient de l'eſtime pour ſa perſonne.

Quant aux autres membres de cette Congrégation, M. Bail-lu, qui en eſt Vice-Superieur, a eſté mis en poſſeſſion de cette charge pour la premiére fois, il y a plus de dix-huit ans par feu M. l'Archeveſque de Paris, ſans eſtre ſorty de la maiſon depuis tout ce temps-là. Et tous les autres Preſtres y ont eſté aggrégez & incorporez par MM. les Vicaires Généraux, que les Iacobins n'oſeroiét nier avoir eû toute l'autorité & toute la puiſſance, qui eſtoit néceſſaire pour recevoir ces Eccléſiaſtiques, & les mettre en eſtat de ſe deffendre côtre leurs injuſtes prétentions.

Il ne reſte donc plus qn'à juſtifier qu'ils y ſont tous intéreſ-ſez; & que 1. quand les baſtimens auroient eſté faits, comme prétendent les Iacobins, *des ſeules libéralitez du feu Roy & de M. le Cardinal de Richelieu*: 2. quand les charitez de M. Germain auroient eſté auſſi réelles & effectiues qu'elles ont eſté imaginaires & ſuppoſées, les Preſtres de la Congregation ne laiſſeroient pas d'avoir beaucoup d'intéreſt dans leur pourſuite.

En effet n'eſt-il pas ridicule de prétendre, comme font les Iacobins, que parce que des biens & des baſtimens ſont des effets de la libéralité des Princes, & de la charité des Fidelles, ils n'appartiennent pas à ceux à qui ces Princes ont fait ces libéralitez, & les Fidelles ces aumoſnes? Car ſi les biens, qui ſont donnez pour contribüer à l'établiſſement d'une Communauté, ne luy deviennent pas propres, en ſorte que ceux qui la compoſent ayent droit de les deffendre contre ceux qui les veulent vſurper, il n'y aura plus de légitimes deffenſeurs des biens de l'Egliſe. Les Iacobins ſe rendront Maiſtres en peu de tems de tout ce que les autres Communautez Eccléſiaſtiques & Religieuſes poſſedent. Les Eveſques n'auront point de droit d'empeſcher que les Iacobins ne s'enrichiſſent de leurs dépoüilles. Les Chapitres, ny les autres Titulaires des Egliſes ne s'oppoſeront qu'en vain aux vſurpations des Iacobins; parce qu'il ſuffira aux Iacobins de montrer que tous les biens de l'Egliſe que ces perſonnes poſſédent, ſont des effets de la libéralité des Roys & de la charité des Fidelles; & qu'ainſi ils ſont abandonnez à la cupidité de ces bons Peres, qui ont aſſez fait paroiſtre dans la priſe de poſſeſſion du Mont-Valérien, qu'ils ne reconnoiſſent point d'autres titres légitimes de poſſéder un bien que l'vſurpation & la violence.

H

Mais comme cette Iurisprudence leur est toute particuliére, & que selon toutes les régles de la Iustice commune, le Don est un des titres les plus légitimes d'aquerir, il est évident que ce qui oblige d'avantage les Prestres de la Congrégation à s'opposer aux desseins des Iacobins, c'est le don & les libéralitez qu'on leur reproche; & qu'ils ne peuvent s'en dispenser, sans une horrible lascheté, & une honteuse prévarication : puis que ces Péres ont entrepris de ruïner un ouvrage que tant de mains Royalles ont élevé, & d'effacer les augustes marques de la piété du feu Roy, & de la charité de tant d'illustres personnes qui ont contribué avec les Prestres à un si saint établissement.

Pour ce qui est des charitez prétenduës du sieur Germain, & du dessein que les Iacobins ont eû de le faire passer pour Fondateur de cette Congrégation, àfin de tirer avantage du consentement prétendu qu'il a donné à leur entreprise, c'est une chimére qui n'a subsisté quelque tems que dans leur imagination & dans la sienne. Car sous prétexte que la plus-part des aquisitions de la Congrégation ont esté faites sous son nom, & que feu M. Charpentier s'est servy de luy pour traitter avec les propriétaires & Seigneurs des terres du Mont-Valérien, & avec les ouvriers & les artisans qui estoient nécessaires pour la construction des bastimens, ils ont crû qu'ils pourroient l'ériger en Fondateur.

Mais ce phantosme a esté dissipé par les propres mains qui l'ont formé: & quand les Iacobins virent que l'on estoit prest de produire à l'Officialité les déclarations que M. Germain a données de sa propre main, & pardevant des Notaires, tant des sommes qu'il a receuës, que de l'aveu qu'il estoit obligé de faire, qu'il *prestoit* simplement *son nom* à M. Charpentier dans tous ces actes, *pour luy faire plaisir & favoriser à son dessein*, il n'osa plus paroistre en la cause ; & sans doute qu'il eut honte qu'on le voulust faire passer pour libéral & magnifique, luy à qui l'on estoit prest de justifier par le conte qu'il auoit rendu, qu'on luy avoit payé toutes ses peines, & qu'il estoit encore redevable à la Congrégation de plus de deux cens liures.

Mais ce qui est le plus estonnant, c'est que les Iacobins ayent tasché de se servir contre les Prestres de la Congrégation de ce qui est le plus avantageux à ces Eccléfiastiques, & qu'ils ayent

voulu ruiner leur établiſſement, par ce qui achéve de le rendre
inébranlable, & de faire paroiſtre l’intéreſt qu’ils ont à ſa deffenſe.

Car ce grand nombre de marchez & de contrats d’aquiſition
faits en faveur des Preſtres de la Congrégation, & où M. Germain n’ayãt fait que preſter ſon nom, a aquis toutes les terres &
fait cõſtruire tous les baſtimens des deniers de feu M. Charpentier, & des autres Preſtres de la Congrégation, ſont autant de
titres qui iuſtifient leur oppoſition, parce qu’ils font voir que
tout ce que les Iacobins ont vſurpé ſur eux leur appartient en
propre, & que tous ces titres eſtans joints aux Lettres de cõceſ-
ſiõ de M. l’Archeveſque, aux Lettres patétes du Roy verifiées au
Parlement, & à la confirmation que la Cour, MM. les Vicaires
Généraux, & M. l’Official ont donnée à l’élection de M. de la
Font dans la charge de Supérieur de la Congrégation, & à l’incorporation des Preſtres qui la compoſent, mettent leur droit
hors des atteintes des Iacobins, quoy qu’ils n’ayent pas eſté capables de mettre leurs perſonnes à couvert de leurs violences.

*Les moyens particuliers dont les Iacobins Réformez ſe ſervent pour
rendre moins conſidérable l’oppoſition que les Hermites
ont faite à leur vſurpation.*

CEs Péres jugeant bien que la machine, qu’ils auoient dreſ-
ſée contre la Congrégation des Preſtres, ne pourroit pas
réüſſir contre la Communauté des Hermites ; & qu’ils ne pouvoient prétendre ſans attirer l’indignation de tout le monde,
que ces bons Religieux n’euſſent jamais eû d’établiſſement ſolide ſur la Montagne, eux qui en ſont conſtamment en poſſeſſion depuis plus de huit cens ans, & avec tant de réputatiõ, qu’il
ſe trouve des Lettres des plus grans hommes des ſiécles paſſez,
comme de Gerſon, écrittes à leurs prédéceſſeurs, font ſemblant
de n’avoir aucun deſſein ſur leurs Cellules ; & par une eſpéce
de larcin d’autant plus laid & plus difforme, ſelon la penſée
d’un ancien Pére de l’Egliſe, qu’il ſe couvre de quelques mar- *Author.*
ques de juſtice, & qu’il prend le viſage de l’équité, ils proteſtent *Epiſt. ad*
qu’ils les ont toûjours laiſſé vivre paiſiblement dans leurs Cellules, *Celant.*
quoy qu’ils les en ayent chaſſez avec violence, & qu’ils con-

tinuënt de chercher des preuves ſuppoſées pour juſtifier l'vſurpation qu'ils ont faitte de leurs biens.

Mais c'eſt icy où l'on peut dire, ſelon le langage de l'Eſcri-
ture Sainte,, que *la malice & l'iniquité s'eſt confonduë, & s'eſt tra-
hie, & démentie elle-meſme, mentita eſt iniquitas ſibi*; puis que les
Iacobins n'ont fait aucune action, & n'employent aucun titre
pour ſe juſtifier, qui ne faſſe voir clairement que la meſme cupidité qui les a portez à envahir les biens des Preſtres, les a en-
gagez à ſe ſaiſir de ceux des Hermites.

En effet ſi le deſſein des Iacobins a eſté de laiſſer vivre paiſiblement les Hermites dans leurs cellules, pourquoy dans la
donation ſuppoſée de M. le Cardinal de Retz, qu'ils ont fabri-
quée eux-meſmes, y ont-ils renfermé expreſſément *les Cellules
des Solitaires, & tous les meubles & immeubles qui y ſont joints &
qui en dépendent? Solitariorumque Cellulas, & alia quæcumque mobilia & immobilia eiſdem annexa & ſpectantia, ſeu depen-
dentia.*

Pourquoy le Notaire Apoſtolique, qu'ils conduiſirent exprés avec eux dans leur premiére priſe de poſſeſſion, déclara-
t-il aux Hermites *qu'ils venoient prendre poſſeſſion de leurs Chapelles, de leurs Cellules, & de tout ce qui leur appartenoit?*

Pourquoy le meſme Notaire a-t-il compris les Hermites &
leurs Cellules dans l'acte de priſe de poſſeſſion, qu'il a donné
aux Iacobins?

Pourquoy forcérent-ils les Hermites à leur donner les clefs
de leurs troncs: & emporterent-ils leur bois, en diſant, que
tout ce que les Hermites poſſédoient, leur appartenoit?

Pourquoy le lendemain le Commiſſaire eſtant venu par
l'ordre du Roy pour informer de leur priſe de poſſeſſion, le
voulurent-ils empeſcher d'entrer dans l'Hermitage, diſant,
qu'il n'y avoit que faire, parce que c'eſtoit leur maiſon?

Pourquoy dans l'expoſé d'un Arreſt qu'ils obtinrent quelque
tems aprés ſur de fauſſes expoſitions, y eſt-il parlé de *la poſſeſſion
en laquelle ils avoient eſté mis de l'Hermitage du Mont-Valérien?*

Pourquoy ont-ils forcé vne ſeconde fois deux de ces Freres
d'abandonner leur ſolitude, aprés que s'étant allé jetter aux
pieds de la Reyne Mere au Val-de-grace, cette grande Princeſſe les eut renvoyez ſur la montagne?

Pourquoy

Pourquoy leur Ecclesiastique estant mort, se sont-ils empa-
rez encore depuis peu de sa chambre aprés en avoir fait lever
les serrures, changé les gardes, & s'estre saisis de tous ses biens.

Pourquoy enfin aprés avoir cherché depuis dix ans les
moyens de s'emparer de leurs Cellules, aprés avoir traitté de
leur vente avec le Frére réclus & le Pére Hermite, aprés avoir
tasché de corrompre les autres, & de les engager par l'intérest,
ont-ils exercé contre ces pauvres Fréres toutes sortes de violences, & ont-ils abandonné au pillage leurs Chapelles, leurs
meubles, leurs ornemens, & tout ce qu'ils possédoient iusques
à leurs tunicelles & à leurs manteaux pour récompenser les laquais, les paysans, les soldats & les archers qui leur avoient
aidé à s'en rendre les maistres?

En vérité aprés des faits si constans ne faut-il pas estre aussi
effronté que les Iacobins Réformez pour dire *qu'ils ont toûjours
laissé vivre paisiblement les Hermites dans leurs Cellules*? Et peuvent-ils reconnoistre, comme ils font, par cette déclaration,
quelque fausse & quelque maligne qu'elle soit, qu'ils peuvent
sans injustice les chasser de leurs Cellules, qu'en mesme tems
ils ne se condamnent eux-mesmes de ce qu'ils les en ont chassez
en effet, & qu'ils ne fassent voir combien l'vsurpation qu'ils en
ont faite est honteuse & criminelle.

C'est ce qui fait que voulant se conserver dans cette injuste
possession, & tâchant neanmoins d'étouffer les remors de leur
consçience qui leur reprochent une si grande injustice, ils s'efforcent de la couvrir de quelques prétextes spécieux, & de se
persuader eux-mesmes que l'opposition des Fréres Hermites
est de nulle considération.

Ils appuyent cette persuasion, 1. sur ce qu'il n'y a que deux *Ce que les*
d'entre les Hermites qui s'opposent à leur établissement: 2. sur *Iacobins*
ce que ces deux là ne sont point avoüez du Réclus: 3. sur ce *alleguent*
qu'ils ont persécuté & chassé le feu Pére de la Fonds, qui s'estoit *pour af-*
fait Hermite du Mont-Valérien: 4. sur ce que la Reyne Mere *foiblir le*
avoit donné ordre de les chasser de la Montagne, long-tems *droit des*
avant l'établissement des Iacobins: & enfin, 5. sur ce qu'ils *ont eû Hermites.*
si peu de devotion que de fermer leur porte aux Iacobins, qui y
venoient en procession.

Pour répondre en peu de mots à tous ces faits, & en faire *Réponse*

I

au 1. moyé. voir la fausseté, il suffit de produire la procuration qui a esté donnée le 14. de May 1662. au Frére Iean Bénar, qui est un de ces deux Fréres dont ils entendent parler, par laquelle il est évident que tous les Fréres Hermites sont parfaitement vnis dans l'opposition qu'ils font à l'établissement injuste des Iacobins; que ce Frére & son Compagnon qui sont les seuls qui sollicitent, agissent au nom de toute la Communauté; que le Frere Iean en particulier a esté choisi d'un commun consentement, &

Paroles de la procuration que les Hermites ont donnée au F. Iean. *dans vne assemblée qu'ils ont faitte, àfin de faire signifier aux Iacobins leur opposition, & faire en leur nom toutes les pourfuites, & toutes les diligences necessaires;* en vn mot qu'il n'y a point de membre véritable dans cette Congrégation qui n'ait fait paroistre en cette occasion l'amour qu'il avoit pour la conservation de son corps, & qui selon l'ordre de la nature ne se soit exposé, & pour ainsi dire sacrifié, à la haine & à la vengeance des Iacobins, àfin de le deffendre de leur oppression.

Reponse au second moyen. Il est vray qu'ils n'ont point esté avoüez du Frére Réclus dans une deffense si juste & si nécessaire, & qu'ils ont eû la douleur de se voir abandonnez de celuy d'entre eux, qui ne devant avoir rien de plus cher ny de plus précieux que la solitude, dont il faisoit une profession plus particuliére que les autres, avoit plus d'intérest qu'eux à empécher que les Iacobins ne s'emparassent de la Montagne. Mais il n'est pas étonnant qu'il leur ait donné les mains, aprés les avoir ouvertes à leur argent, & qu'il ne joigne point sa voix à celle de ses Fréres pour déplorer la dissipation du bien de l'Eglise & le leur, puis qu'au lieu de dire avec S. Pierre anathéme aux Iacobins, & aux trois mille livres qu'ils luy proposoient, il a cru aussi bien qu'eux *que le don de Dieu*, & que la grace de la vie solitaire, *se pouuoit acheter au prix de l'argent.*

Tout ce qu'on peut dire pourtant pour excuser la foiblesse *S. Matt.* de ce pauvre Reclus, c'est que c'estoit *vn aveugle qui estant con-* *15. 14.* *duit par vn autre aveugle est tombè dans le précipicé avec luy,* & pour me servir de sa propre deffense, c'est, cóme il répondit luy-mesme à M. le Doyen de Nostre-Dame qui luy reprochoit cette faute, que comme le Pere de la FondsHermite estoit son Directeur, il n'auoit ofé le défobliger ny refuser de luy obeyr.

Mais si cette rèponse justifie le refus que le Réclus a fait de se

joindre à tous ſes autres Fréres, & ſi l'intéreſt que ſõ Directeur, *Réponſe au 3. moyen.*
& luy, avoient à l'établiſſement des Iacobins ſur la Montagne,
a eſté une bonne raiſon pour ſe diviſer d'avec eux, elle ne ſert
pas maintenant à prouver la perſécution prétenduë des Fréres
Hermites contre le Pére de la Fonds : mais au contraire elle
donne lieu de découvrir à tout le monde le ſujet véritable de ſa
retraitte qu'on auroit tû volontiers pour épargner la réputation de ce pauvre deffunt.

Mais puiſque les Iacobins forcent les Hermites à parler, il
faut que tout le monde ſçache, que M. le Doyen de Noſtre-
Dame ayant appris du Frére Réclus que le Pére de la Fonds
Hermite ne s'eſtoit pas contenté de vendre l'hermitage aux Iacobins à raiſon dé trois cent livres de rente pour ſa part, mais
qu'il avoit encore engagé dans ce traitté ce pauvre Frére qui
eſtoit ſous ſa conduite, l'en reprit avec beaucoup de force &
de vigueur, & luy témoigna d'un air ſi fort & animé de tant
de zéle qu'il ne ſouffriroit pas qu'il demeuraſt davantage en un
lieu qu'il avoit voulu vendre avec la derniére laſcheté, que ce
pauvre homme emporté par le remors de ſa conſçience, & craignant la ſévérité d'un Supérieur ſi généreux & ſi juſtement ir-
rité contre luy, ſe retira à Baville, & par cette retraitte, qui
eſtoit un effet de la conviction de ſa faute, donna lieu à la calomnie que les Iacobins font aux Hermites qui n'ont contribüé à ſa ſortie & à ſa fuitte que parce que M. le Doyen qui
eſtoit ſon Supérieur, a pris charitablement leur deffenſe contre luy.

Pour ce qui eſt des prétenduës plaintes faittes à la Reyne *Réponſe au 4. moyen.*
Mere contre le Frére Iean, il eſt vray qu'il n'eſt pas innocent
ſi c'eſt eſtre coupable que d'avoir été accuſé malicieuſement
devant une ſi grande Princeſſe. Mais ſi ces plaintes n'ont ſervy,
comme on l'a déja monſtré, qu'a juſtifier ſon innocence & à
faire connoiſtre la malice & l'animoſité de ſes calomniateurs:
ſi M. de S. Iean qui avoit reçu cét ordre prétendu de le faire
ſortir de deſſus la Montagne s'étant éclaircy de toutes choſes,
luy promit, comme on a déja vû, toute ſorte de protection
auprés de ſa Majeſté : enfin ſi ce Frére ayant été chaſſé par les
Iacobins reçut au Val-de-grace, comme tout le monde ſçait,
un commandement exprés de la bouche meſme de la Reyne

Mére de retourner fur la Montagne , ne faut-il pas avoüer que
les Iacobins ne luy peuvent reprocher fans un grand aveuglement un ordre qu'ils avoient furpris avec tant d'injuftice , &
qui a été révoqué par tant de faveurs & de graces que le Frére
Iean a receües depuis de la bonté & de la juftice de cette pieuse
Princeffe. Et ce Frére n'a-t-il pas lieu de dire icy aux Iacobins
ce que Iofeph dit à fes fréres: *Vos cogitaftis de me malum, fed Deus
vertit illud in bonum ?*

Il ne refte plus qu'à juftifier les Hermites du refus qu'ils ont
fait de recevoir dans leur Chapelle la proceffion du Saint Sacrement , & dont les Iacobins leur font un fi grand crime,
qu'ils prétendent qu'en punition de ce *peu de dévotion*, ils ont
mérité d'eftre dépoüillez par eux de leurs biens.

Comme fi c'eftoit manquer *de dèvotion*, & de piété , que de
continüer l'oppofition qu'on a faitte à leur établiffement, &
de ne pouvoir fouffrir qu'on profane par une efpéce de facrilé-
ge celuy des Sacremens de l'Eglife qui mérite le plus de refpect
& de vénération, en fe fervant de l'Euchariftie , qui eft le plus
grand de tous les dons de Dieu , & qui renferme toutes les ri-
cheffes que fa fageffe & fa bonté a prodiguées en noftre faveur,
pour s'affurer du bien d'autruy , & autorifer l'vfurpation la
plus injufte & la plus manifefte qui fut jamais.

Car il eft certain que le deffein des Iacobins eftoit de tirer avantage de cette Proceffion du Saint Sacrement contre
les Hermites : & ils n'auroient pas fait venir exprés de Paris le
mefme Notaire Apoftolique, dont ils s'eftoient fervis pour
prendre poffeffion de l'hermitage, ny les Officiers de la Iuftice
de Rüel qui eftoient à leur dévotion , s'ils n'avoient pas eû deffein de les furprendre, & de fe prévaloir vn jour contre eux de la
facilité avec laquelle ils les euffent reçus dans leur Chapelle.

Ce reproche eft d'autant moins fupportable en la bouche
des Iacobins qu'on fçait qu'encore qu'ils foient obligez par
leur établiffement dans la Paroiffe de S. Roch de recevoir la
proceffion de cette Eglife le jour de la Fefte-Dieu, ils n'ont pas
neanmoins laiffé de la refufer le S. Sacrement, eftant à la porte.
Et ce refus fut fi fcandaleux & fi injufte tout enfemble que
Dieu voulut en punir promptement les auteurs , la foudre eftant
tombée, par une jufte vengeance qui a efté obfervée de tout le
monde,

monde, vn peu aprés fur l'Eglife des Iacobins, aufquels on peut dire en cette rencontre, qu'en reprochant aux Hermites ce qu'ils ont fait eux. mefmes contre toute forte de droit, ils font tombez dans la contradiction que S. Paul reprend en quelques Iuifs par ces paroles : *In quo judicas alterum, te ipfum condemnas.* Rom. 2. 1.

Les Hermites n'ont ny éprouvé ce chaftiment, ny apprehendé ce reproche, parce que leur refus n'avoit rien qui puft bleffer leur confçience, ny qui approchaft du refus des Iacobins. Ils n'avoient nulle obligation de leur ouvrir leur porte, puis qu'ils ne les ont jamais ouvertes aux Preftres mefmes du Calvaire, qu'aprés que les mefmes Preftres leur ont eû demandé cette grace : & ils le devoient encore bien moins faire à l'égard des Iacobins, aprés que felon le confeil qu'on leur en auoit donné, ils avoient envoyé cinq ou fix heures auparavant, le Frére Iean Batifte avec quatre témoins leur dire qu'ils ne priffent point la peine de venir chez eux, & qu'ils ne pouvoient pas les recevoir à caufe du procés qu'ils avoient enfemble. De forte que s'il y a eû du fcandale, les Iacobins feuls en font coupables, parce qu'ils ont obligé les Hermites à leur fermer la porte, & qu'ils ont profané volontairement, & par une cupidité qu'on ne fçauroit affez blafmer un fi grand & fi augufte myftére.

Les Titres fur lefquels les Iacobins Réformez appuyent leur vfurpation.

APrés avoir étably le droit des Preftres & des Hermites fur la ruine des moyens mefmes dont les Iacobins fe font fervis pour l'obfcurcir & luy donner atteinte, & avoir détruit ainfi la première voye par laquelle les Iacobins ont crû pouvoir fe maintenir dans l'vfurpation qu'ils ont faite du Mont-Valérien, en affoibliffant le droit des Preftres & des Hermites ; il faut maintenant examiner la feconde, & voir fur quels fondemens & quels titres ils appuyent cette prétenduë prife de poffeffion, & de quelles couleurs ils tâchent de couvrir les violences & les excés effroyables qu'ils ont commis pour s'établir & fe conferver dans cette mefme poffeffion.

Ils fondent tout leur droit, 1. fur les provifions prétenduës de M. le Cardinal de Retz, 2. fur les Lettres de cachet du Roy,

& l'agrément prétendu de sa Majesté, 3. sur la donation de M. Germain, & le consentement de M. Royer, 4. sur ce qu'ils sont Religieux, & qu'une Communauté Religieuse travailleroit plus vtilement en ce lieu-là pour la gloire de Dieu & pour le salut du prochain ; enfin, 5. sur ce que leur prise de possession a esté juridique & canonique.

Donation de M. le Cardinal de Retz, premier titre des Iacobins.

Preuves de l'abus, de nullité, & de la suppositiõ de cette donation, tirées. Des circõstances du tems & du lieu.

IL y a une infinité de deffauts qui font voir la nullité & l'abus de cette donation prétenduë ; & il ne faut que rapporter icy quatre ou cinq des raisons principales pour en montrer plus clair que le jour la surprise & la supposition.

La premiére des raisons qui font voir la nullité & l'abus de ces Lettres, est tirée des circonstances du tems & du lieu où l'on prétend qu'elles ont esté obtenuës. Car elles sont datées du 4. de Février 1662. auquel tems M. le Cardinal de Retz estoit dans la ville de Liége, hors du Royaume, & dans une espéce de prévention qui suspendoit l'exercice de la puissance ordinaire , & ne luy laissoit pas la liberté de s'appliquer par luy-mesme au gouvernement de son Diocése.

Cét éloignement & cette demeure vague & incertaine ne permettoient pas aux parties de s'addresser à luy, ny de procéder juridiquement devant luy : & l'Auteur de cette piéce n'a pas pris garde qu'il se rendoit ridicule , en luy *faisant évoquer devant luy seul toutes les contestations qui pourroient survenir, nonobstantibus quibusvis oppositionibus & appellationibus quas ad nos ipsos deuolvi, devolutasque, de cernimus & declaramus ,* puisque pour cela il faut avoir une demeure fixe , & assurée , & connuë de tout le monde, au lieu que celle de M. le Cardinal de Retz a toûjours été, pendant ce tems-là , incertaine & entiérement inconnuë.

Outre que quand elle auroit eû toute la consistance & toute la notoriété nécessaires, les deffenses trés-expresses que le Roy avoit faittes à tous ses sujets d'avoir aucun commerce avec M. le Cardinal de Retz, ne luy permettoient pas d'appeler des parties devant luy. Et les Iacobins assurément n'y ont pû recourir , comme ils ont fait, sans agir contre les ordres de ſa Majeſté, & ſans engager par ſurpriſe M. le Cardinal de Retz à agir auſſi contre ſes propres intentions, & contre l'vniformité de la conduite, qu'il a toûjours tenuë durant ſon éloignement.

Que ſi c'eſt un abus dans les matiéres Eccléſiaſtiques, d'y procéder contre les Arreſts, il eſt conſtant que c'en eſt un encore plus grand, d'y agir contre les deffenſes expreſſes de ſa Majeſté : & ſi ſuivant le Concordat les ſujets du Roy ne peuvent eſtre traduits hors du Royaume par le Pape pour des cauſes, meſme, particuliéres, ny devant les Commiſſaires Apoſtoliques, bien que François, plus loin de trois journées de leur demeure, peuvent-ils eſtre traduits hors du Royaume pour des affaires qui demandent de ſi grandes informations, & un examen ſi particulier des faits dont elles dépendent ?

C'eſt auſſi cette conſidération, jointe au reſpect que M. le Cardinal de Retz a eû pour les ordres de ſa Majeſté, qui l'a obligé de laiſſer en dépoſt à MM. les Vicaires Généraux toute ſon autorité ; de s'abſtenir de l'exercer par luy-meſme ; & de leur commettre entiérement l'vſage & l'exercice de ſa puiſſance : & ſi les Iacobins n'euſſent point agy de mauvaiſe foy ; & s'ils n'euſſent point eû intention de le ſurprendre, ils ſe fuſſent aſſurément addreſſez à MM. les Vicaires Généraux, auſquels il appartenoit vniquement alors, de pourvoir aux deſordres que l'on prétendoit eſtre dans la maiſon des Preſtres, & qui s'y ſont appliquez avec tant de ſoin & tant de ſuccés, quand cela a eſté néceſſaire, qu'ils l'ont rétablie dans ſa premiére ſplendeur.

La ſeconde raiſon qui fait voir la nullité & l'abus de ces Lettres prétenduës, eſt tirée du deffaut des formes requiſes & néceſſaires dans les actes de cette nature. Car en toute matiére d'*vnion & d'incorporation* les lettres doivent eſtre données, non ſeulement avec connoiſſance de cauſe ; mais encore on doit commettre ſur les lieux des perſonnes, pour informer de la vérité, devant que de procéder à leur éxécution ; & meſmes on doit leur enjoindre de n'y procéder pas, au cas que les choſes expoſées ne ſe trouvaſſent pas véritables par l'information qui la doit précéder.

Du defaut des Formes.

Cette maxime eſt ſi conſtante, & ſi bien établie par tous

ceux qui traittent des Formes néceſſaires pour rendre une
Vnion légitime, qu'il eſt inutile de la prouver : & il eſt évident par le Concile de Baſle, par le Concordat, & par le Concile de Trente qu'elle ne ſe peut faire ſans appeler & entendre
les parties intéreſſées: *Vocatis quorum intereſt.*

Peut-on dire que ces Lettres prétenduës ordonnent de garder toutes ces formes? Au contraire ne les excluënt-elles pas
formellement? Et ne font-elles pas un ſimple commandement
à MM. les Vicaires Généraux, & en leur place au moindre des
Officiers de l'Archeveſché, d'exécuter ſans aucune autre formalité de juſtice, & ſans aucun retardement une Vnion auſſi étrange & auſſi extraordinaire qu'eſt celle d'une Communauté de
Preſtres Séculiers avec une Communauté de Religieux?

Valeriano ad Pariſios ſitam, ſacella, oratoria, manſiones, agros, ædificia, pomaria, SOLITA-
RIORVMQVE CELLVLAS, *& alia quæcumque mobilia & immobilia… præfato conventui
Pariſienſi SS. Annunciationis ad ſanctum Honoratum arctioris obſervantiæ ordinis Fra-
trum Prædicatorum perpetuo… occupanda & poſsidenda concedimus, aggregamus,* VNI-
MVS, ET INCORPORAMVS *… præcipientes omnibus … ne huic ce noſtræ diſpoſitioni…* vel
VNIONI *contraire audeant, mandanteſque per præſentes noſtris Vicarijs generalibus… cæ-
teriſque Curiæ noſtræ Archiepiſcopalis Officialibus ſuper id requiſitis, ut ſtatim atque ipſis
præſentes diſpoſitionis…* VNIONIS-ve *litteræ fuerint exhibitæ ad earumdem debitam exe-
cutionem procedant.*

C'eſt auſſi ce qui a obligé les Iacobins, voyant le refus que
MM. les Vicaires Généraux faiſoient de déférer à une piéce,
qui avoit tant de marques de ſuppoſition & de ſurpriſe, de ſe
ſervir d'un Notaire Apoſtolique, comme on fait d'ordinaire
pour prendre poſſeſſion d'un bénéfice dont on eſt légitimement pourvû; comme ſi ces ſeules Lettres données ſans connoiſſance de cauſe, ſans appeler, ny entendre de parties, ſans
aucune information, pouvoient paſſer en France pour un titre
légitime de poſſeſſion.

La troiſiéme raiſon qui fait voir la nullité & l'abus de ces Lettres prétenduës, eſt tirée des motifs qui y ſont exprimez, & qui
ſont tous apuyez ſur de fauſſes ſuppoſitions de déſordres, de di-
viſions, de procés, & de ſcandales. Car il n'y a rien qui faſſe voir
plus clairement la ſuppoſition & la ſurpriſe de ces Lettres, que
la créance, qu'on y feint, que M. le Cardinal de Retz a ajoûtée
à toutes les calomnies des Iacobins, & par laquelle il eſt évident

qu'on

qu'on luy a déguifé l'état véritable de la Congrégation, q u'on luy a caché fes titres, les intérefts des Preftres qui la compofent, les Sentences qui avoient efté donnécs contre M. Royer qui eftoit le feul qui caufoit du trouble fur la Montagne,& qui y menoit une vie fcandaleufe: & enfin qu'on luy a tû malicieufement le bon ordre que MM. fes Vicaires Généraux avoient remis dans la maifon. De forte qu'il eft aifé de conclure qu'il n'euft jamais donné ces Lettres prétenduës, s'il euftefté informé, comme il faut, & du droit des Preftres, & de leur innocence.

La quatriéme raifon qui fait voir la nullité & l'abus de ces Lettres, eft tirée de l'injuftice & de l'injure manifefte qu'elles font à l'Eftat Eccléfiaftique ; aux Preftres & aux Pafteurs du Diocéfe ; aux Archevefques de Paris, & en particulier à M. le Cardinal de Retz ; aux Preftres & aux Fondateurs de la Congrégation du Calvaire ; & enfin aux Hermites. De l'iniu-
re & de
l'iniuftice
qu'elles
font.

Ces Lettres I. font injurieufes à tout l'eftat Eccléfiaftique, parce que contre la maxime du droit, par laquelle on regle tous les differens qui arrivent touchant les biens de l'Eglife entre les Séculiers & les Réguliers , & par laquelle un de ces deux eftats ne peut pas eftre vny avec l'autre, ny poffeder ce qui eft en l'autre par une inhabilité effentielle, elles vniffent un biē, une maifon, & une Eglife féculiére, c'eft à dire qui appartient à des Preftres féculiers, à une maifon & à une Communautè Réguliére: ce qui ne fe peut faire fans ruiner cette maxime que tout le Clergé a tant d'intéreft de maintenir, & fans renverfer prefque la feule borne qui nous refte de celles, que nos Péres ont mifes à la cupidité & à l'ambition des uns & des autres. Car felon cette régle fi importante on ne fçauroit donner à des Réguliers une maifon, qui appartient de droit & fuivant fa fondation à des Preftres féculiers, que ces mefmes Preftres n'ayent renoncé volontairement à leur droit, ou qu'ils n'ayent efté condamnez juridiquement & contradictoirement à en eftre privez ; & qu'ainfi cette maifon ne foit devenuë vacante , & pour ainfi dire indifférente à toutes fortes d'eftats, & par ce moyen, propre à eftre tranfportée & attribuée à des Réguliers. A tout le
Clergé.

Sæcularia
Sæculari-
bus , Re-
gularia
Regulari-
bus.

Peut-on dire cela de la Congrégation du Calvaire , qui eft remplie de bons Preftres & qui fuivant fa fondation ne peut eftre occupée que par des Séculiers ? Et eft-il croyable que

L

quand elle auroit eû besoin d'estre remplie de nouveaux sujets, M. le Cardinal de Retz, qui a beaucoup de zéle pour la Hierarchie de l'Eglise, y eust mis, en la place des Séculiers, des Conventuëls, qui ont des maximes entiérement opposées à celles des Séculiers, & qui ne veulent point estre soûmis aux Evesques ?

Aux Prestres & aux Curez du Diocese de Paris.

II. Elles le sont aux Prestres & aux Pasteurs du Diocése de Paris, parce qu'elles font perdre aux uns le droit qu'ils ont d'entrer dans cette Congrégation, qui est vnique dans le Diocése, & qu'elles privent les autres du secours que les Prestres du Calvaire sont obligez par leurs Statuts de leur rendre. De sorte qu'elles chassent de la Montagne des Ministres charitables qui font une profession toute particuliére de ne rien entreprendre que de concert avec les Curez, pour mettre en leur place des Religieux qui font gloire d'entreprendre sur les droits les plus légitimes des Pasteurs.

III. Elles le sont à MM. les Archevesques de Paris, parce qu'elles abolissent une Congrégation qui fait une profession particuliére de leur estre soûmise, & de n'avoir point d'autres chefs ny d'autres Supérieurs qu'eux, pour augmenter le nombre des Communautez Réguliéres qui ne reconnoissent ny la jurisdiction, ny la voix de leurs véritables Pasteurs. Et ainsi elles combattent & détruisent leur autorité; elles leur font perdre la jurisdiction qu'ils s'estoient réservez dans cette maison, pour la donner au Prieur des Iacobins de S. Honoré ; & ils y ont glissé adroittement de quoy se maintenir contre les successeurs de M. le Cardinal de Retz, en faisant dire à son Eminence qu'elle renonce à son droit mesme en cela, & qu'elle ne se le réserve que dans les autres choses : *salvo tamen in cæteris jure nostro.*

A. M. le Cardinal de Retz.

Nobis aliud opportunius, nõ occurrit efficacius que reme-

IV. Elles le sont à M. le Cardinal de Retz, 1. parce qu'il est trés-injurieux à un esprit qui est si judicieux, & d'une si grande étenduë, de faire accroire à tout le môde qu'il n'a pû *trouver de meilleur, de plus présent, ny de plus efficace reméde* à tous les maux prétendus de cette Congrégation, que de donner aux Iacobins tous les biens des Prestres & celuy des Hermites, qui n'ont rien ensemble de cômun, & sur un simple rapport ne gardant aucune forme de procés, de chasser les vns & les autres côme des infames, sans leur dôner le tems de se reconnoistre, & de se justifier.

2. Parce qu'il est trés-injurieux à un esprit si solide, & si fer- me de supposer qu'il approuve une entreprise qu'il est trés-constant que feu M. l'Archeuesque & luy ont refusé d'approuver, quelques instances que les Iacobins leur en ayent faittes durant plusieurs années : & de supposer qu'il l'approuve dans le tems mesme que ses Vicaires Généraux l'empeschent avec tant de zéle, & que son Official la condamne avec tant de justice.

dium es præsen- tius, quam si, &c,

Enfin 3. parce qu'il est trés-injurieux à un esprit aussi noble & aussi généreux que le sien, de luy imposer d'avoir voulu compenser, par un petit intérest de famille, le tort qu'il avoit bien prévû que cette donation feroit à l'Eglise & à son Diocése ; d'avoir voulu tirer la gloire & l'éclat de sa Maison, de la rüine de deux saintes Congrégations ; d'avoir voulu partager avec les Iacobins un infame butin, par un traitté encore plus honteux, & qu'on auroit de la peine à purger de symonie ; de leur avoir voulu donner la propriété du fonds, & retenir *pour soy les honneurs & les droits qui sont dus aux Fondateurs* ; en un mot d'avoir voulu de la maniére du monde la plus lasche & la plus indigne, profiter de la dépoüille de tant de pauvres Ecclésiastiques & de pauvres Hermites, & ajoûter à tous les titres glorieux & légitimes, que ses Ancestres ont aquis dans l'Eglise par leurs libéralitez & leurs bien-faits, un titre faux & imaginaire, au préjudice des véritables Fondateurs.

V. Elles le sont aux Prestres de la Congrégation, parce qu'encore qu'ils soient, en une possession de plus de trente années, appuyée & soûtenuë des titres les plus authentiques, elles ne laissent pourtant pas de les en chasser contre toutes les régles de la justice, & de donner par cette conduite peu charitable des atteintes mortelles à leur réputation & à leur honneur ; vn Pére n'ayant pû traitter avec tant de rigueur & de dureté ses propres enfans, afin de favoriser des étrangers, sans donner lieu de les présumer coupables de grans crimes.

Aux Prestres du Cal- vaire.

Outreque comme l'Avarice est insatiable, & qu'elle est aveugle dans ses poursuites, les Iacobins, ne se contentent pas des immeubles, se sont fait donner les meubles, quoyque constamment ils appartiennent en propre aux Prestres, qui ont eü foin de fe meubler & de s'accommoder à leurs dépens ; & que M. le Cardinal de Retz n'ait aucun droit de difpofer ny des uns ny des autres.

Aux Fonda-teurs de la Congré-gation du Calvaire.

VI. Elles le font aux Fondateurs de la Congrégation, parce qu'elles font directement contre leur intention, & qu'ils n'ont donné leurs biens, que pour l'établiffement d'une communau-té de Preftres féculiers, qui peuvent beaucoup mieux, que des Religieux, s'aquitter des charges & des obligations portées par les Statuts & les Conftitutions.

Aux F. Hermites.

VII. Elles le font aux Fréres Hermites, parce qu'elles enve-loppent leur rüine dans celle des Preftres, encore qu'ils n'ayent rien de commun avec eux : parce qu'elles les chaffent d'un lieu dont ils font en une poffeffion immémoriale, & où ils fe font confacrez à Dieu : & qu'ainfi elles leur raviffent avec l'hon-neur le moyen de fervir Dieu dans leur eftat, fous prétexte qu'il y a eû des défordres prétendus dans la communauté des Pre-ftres, fans marquer ny fpécifier qu'il y ayt eû aucune plainte formée contre celle des Hermites : enfin parce qu'elles fe con-tredifent mefme à leur égard & qu'elles violent injuftement leurs droits, en mefme tems qu'elles font une profeffion ridi-cule de les deffendre & de les conferver: *Salvo tamen in omnibus jure alieno.*

De ce qu'elle renferme un bien dont M. le Card. de Retz n'a pû difpofer.

La cinquiéme & la derniére raifon principale, qui fait voir la nullité de ces Lettres eft tirée de leur propre fonds, & pour ainfi dire de leur propre fubftance. Car elles ne font, à propre-ment parler, qu'un larcin fort mal déguifé, & un artifice fort groffier, par lequel on fait faire un don d'un bien qui n'appar-tient point à celuy qui le donne, & on le fait recevoir à des per-fonnes qui font incapables de le recevoir ; on confond toutes les loix en enveloppant dans une mefme donation les meublés avec les immeubles ; on deffend les droits des intéreffez d'une main, & on les détruit de l'autre, & en mefme tems qu'on rüine le veritable pouvoir que M. le Cardinal de Retz avoit fur la Congrégation en qualité d'Archevefque de Paris, en la retirant de deffous la jurifdiction de l'ordinaire, on luy en don-ne un, qu'il n'a point, & on le rend libéral d'un bien dont il n'a dû, & dont il n'a pû difpofer.

Il n'a pas dû en difpofer ; parce qu'il ne l'a pü : & il ne l'a pû

1. parce

1. parce que ny luy ny ſes Anceſtres n'ont en aucune maniére contribüé de leurs deniers à cét établiſſement : 2. parce que toutes les aquiſitiõs ont eſté faites des deniers que les Preſtres de la Congrégation avoient en propre, ou qu'ils ont reçus de la libéralité des Grans, & de la charité des Fidelles : 3. parce que feu M. l'Archeveſque ne s'eſt réſervé autre pouvoir ſur les Preſtres de cette Congrégation que le droit de Iuriſdiction & de viſite, & celuy d'agréer les Preſtres & le Supérieur, aprés qu'ils auroient eſté choiſis par eux ; & non pas celuy de donner aux Iacobins leurs meubles & leurs immeubles, leurs papiers & leurs livres, en un mot le fruit des ſüeurs & du travail de pluſieurs Preſtres & de pluſieurs Hermites.

Car ce qui eſt extrémement remarquable à l'égard des Preſtres du Calvaire, c'eſt qu'ils ont mis tout leur tems, tout leur travail, & tout leur bien pour contribüer à l'aquiſition du fonds & à la conſtruction des baſtimens ; qu'ils ont fait enclorre, de leurs épargnes, plus de dix arpens de terre ; qu'ils ont fait élever par leurs ſoins toutes les petites Chapelles qui ſont ſur la Montagne ; & qu'ils ont encore fait faire depuis peu dans la maiſon de trés-grandes réparations.

Et à l'égard des Fréres Hermites, c'eſt qu'ils ont fait baſtir depuis 14. ou 15. ans pour plus de mille francs de murailles pour fermer leur clos & leur jardin ; qu'ils y ont planté une grande quantité de vignes, & plus de trois mille pieds d'arbres ; qu'ils en ont cultivé toutes les terres avec beaucoup de peine, àfin d'en tirer de quoy vivre, eſtre moins à charge au public, & ainſi garder encore plus étroitement leur ſolitude, en y trouvant toutes les choſes néceſſaires pour leur ſubſiſtance ; enfin qu'ils ont meſme racommodé depuis peu leurs Cellules, & les ont miſes par leur propre induſtrie en meilleur eſtat qu'elles n'eſtoient auparavant.

De ſorte qu'il n'y a rien qui faſſe voir plus clairement que ces Lettres ſont ſuppoſées, & qu'elles ne partent point d'vn Succeſſeur des Apoſtres, ny d'vne perſonne qui tient icy bas la place de Ieſus-Chriſt, qui refuſa meſme de partager vne ſucceſſion legitime entre deux freres, que cette facilité honteuſe, & cette injuſtice précipitée, avec laquelle on ſuppoſe dans ces Lettres que M. le Cardinal de Rets diſpoſe du bien des Preſtres & des

Luc 12.13. & 14.

M

Ac vt in-
super te-
neatur
pr.efata
Domus
Vicarialis
sic erecta,
Fratres-
que in ea
deputati ..
Nos ac no-
stram Gon-

Hermites du Mont-Valérien, en faveur des Iacobins ; *pourveu qu'ils le reconnoissent avec toute la famille des Gondis pour leurs Fondateurs ; & qu'ils les honnorent de tous les titres , de tous les droits, & de tous les priviléges qu'on accorde dans leur ordre, ou qu'on pourra accorder a ceux qui portent cette qualité ;* ce qui est proprement faire dire , avec une insolence effroyable, par M. le Cardinal de Retz aux Iacobins. Ce que le Demon dit autrefois à Iesus-Christ, en luy promettant toutes les grandeurs & toutes les richesses du Monde , sur lesquelles il n'avoit aucun droit légitime: *Hæc omnia tibi tradam si cadens adoraveris me.*

diorum familiam , pluribus iam sibi devinctißimam titulis , in suum , seu dictæ Domus Vicarialis Fundatores agnoscere & venerari : iuribusque , titulis , honoribus & privilegijs , in eodem ordine , fundatoribus de iure vel approbata consuetudine concessis & concedendis insignire ac frui facere pacificè.

Toutes ces raisons , qui sont sans réplique , prouvent clairement que ces prétenduës Lettres de provision ont esté fabriquées à Paris : Et il faudroit estre animé des mesmes passions qui ont aveuglé les Iacobins pour n'en pas voir la supposition dans un si grand nombre de deffauts d'injustices & de contradictions : ou ne sçauoir pas que le sieur Gaultray qui est Secretaire de M. le Cardinal de Retz, & dont le Frére est Iacobin, a surpris la signature de son Eminence, & s'est servy d'un blanc signé pour fabriquer cette donation injuste, & enfanter ce monstre de liberalité.

Lettres de cachet du Roy , second titre des Iacobins.

SI les Iacobins ont fait voir leur aveuglement en produisant pour leur deffense une piece aussi défectüeuse en toutes ses parties , qu'est la donation supposée de M. le Cardinal de Retz, ils font paroistre leur effronterie & leur insolence, en se vantant encore aujourd'huy d'une Lettre de cachet qu'ils ont surprise par de fausses suppositions , & voulant profiter contre le respect qu'ils doivent au Roy, du refus injurieux qu'ils firent de la remettre entre les mains de M. de Guénégaud, qui la leur redemandoit de la part de sa Majesté.

Ces Let-
tres ont

Ce n'est donc pas assez pour confondre les Iacobins en ce point, de faire voir que ces Lettres de cachet, sur lesquelles ils fondent leurs prétentions , furent révo juées de sa Majesté dés le lendemain 9. d'Avril 1661. qu'ils les eurent obtenuës par sur. prise.

Que par le certificat, que M. de Guénégaud Secretaire d'E-stat en a donné , il est évident que *l'intention du Roy est , que ce qu'elles contiennent n'ait aucun effet.*

Que cette intention a paru dans le refus que sa Majesté leur fit , aprés qu'ils eurent obtenu les prétenduës Lettres de pro-vision de M. le Cardinal de Rets, de leur accorder de secondes Lettres de cachet pour autoriser cette provision , & la prise de possession qui la devoit suivre.

Enfin qu'ils ne sçauroient justifier par aucune preuve cét agrément prétendu qu'ils disent que le Roy a donné depuis à la premiére Lettre de cachet qu'ils avoient obtenuë par surprise, & que MM. les Vicaires Généraux luy firent révoquer , en luy remonstrant le tort qu'elle faisoit à l'Eglise & à des personnes trés-innocentes , qui n'estoient point dans la division que les Iacobins luy avoient fait entendre, & non pas seulement com-me prétendent les Iacobins *à cause qu'ils n'avoient point de per-mission de M. le Cardinal de Rets* que sa Majesté n'eust pas souf-fert en ce tems-là , s'ingérer de la donner par luy-mesme.

Ce n'est pas assez, dis-je , pour rüiner toutes leurs préten-tions de supposer toutes ces choses, comme constantes : mais encore il faut monstrer que quand cette prétenduë Lettre de cachet auroit eû, depuis, l'agrément de sa Majesté, elle ne leur donne aucun droit de s'établir sur la Montagne, & d'en chasser honteusement pour toûjours les Prestres & les Hermites.

Elle ne leur donne point ce droit à l'égard des Hermites, puisqu'il n'y est pas mesme parlé d'eux , ny de leurs Cellules.

Et à l'égard de la Congrégation des Prestres, ç'a été si peu l'intention de sa Majesté que les Iacobins s'en emparassent, qu'il n'ordonne au Prieur de la maison de S. Honoré *d'en-voyer aux Chappelles du Mont-Valerien* de ses Religieux, que *pour les desservir pendant la semaine sainte* , qui suivoit immédia-tement aprés , *jusques à ce qu'il en fût autrement ordonné* , C'est à dire, comme il est expliqué au commencement, *jusques à ce que ces contestations*, que les Iacobins avoient fait entendre à sa Majesté estre entre les Prestres du Calvaire, *fussent terminées.*

Cette intention de sa Majesté paroist encore dans le com̄-
mandement qu'elle fait dans cette lettre, de *faire inventaire de
tous les ornemens & vaisseaux sacrez servant aux offices divins qui
se trouveront dans leur Sacristie, des titres, meubles, ustancilles, &
autres choses qui se trouveront pareillement dans le logement du lieu,*
AFIN QVE LE TOVT SOIT CONSERVE' ET RENDV EN MESME
ESTAT. Car il est évident par ces derniéres paroles, que le dessein du Roy a esté que l'on CONSERVAST à la Congrégation
tout ce qui seroit trouvé dans la maison du Calvaire à l'entrée
des Iacobins, & que tout ce qu'on leur donneroit, *pour desservir*
ce lieu *pendant cette semaine Sainte,* fust RENDV aux Prestres qui
la composent, & non pas pillé & retenu injustement, comme
il a esté, par les Iacobins.

En effet l'intention de sa Majesté n'a pû estre, comme ils
prétendent, de donner à des Religieux, ce qui appartient légitimement à d'autres, de dépoüiller le Clergè, qui luy est si
soûmis, & qui est si dévoüé aux intérests de la Couronne, pour
enrichir des personnes qui l'ont toujours esté si peu ; & de faire une action d'injustice, sous prétexte d'en faire une de libéralité.

Donation du sieur Germain, & Consentement de M. Royer, troisiéme titre des Iacobins.

LEs Iacobins sont donc mieux fondez en apparence à appuyer leur droit sur la donation du sieur Germain, & sur
le consentement de M. Royer; puisque ce sont des personnes
de leur qualité qui sont capables de faire de ces sortes de libéralitez, & de donner ce qui ne leur appartient point.

Mais on a déja vû la foiblesse de ce moyen à l'égard
de M. Germain, qui a presté simplement son nom à feu
M. Charpentier pour l'aquisition des biens & des bastimens, &
qui a fort bien esté payé de ses peines.

Et pour ce qui est de M. Royer il n'est pas étrange de voir
qu'il ait consenty à l'établissement des Iacobins, aprés avoir
esté chassé de la Congrégation : & il est bien plus surprenant,
que ces Péres n'appuyent toutes leurs prétentions, que sur un
traitté, qu'ils ont fait avec une personne, qui a esté *declaré*

par

page 30.

par une Sentence contradictoire de l'Officialité *décheu à perpé-tuité de tout le droit qu'il a pû prétendre en la Communauté du Calvaire.*

La qualité de Religieux, quatriéme titre des Iacobins.

ILs alléguent qu'ils font Religieux & que ce *M. Royer* qui a fait paroiftre dans toute la conduite de fa vie, & particulié-rement dans la vente de l'Eglife & de la Maifon du Calvaire, un fi grand zéle & une fi grande piété, *a jugé qu'une Commu-nauté Religieufe travailleroit plus vtilement en ce lieu pour la gloi-re de Dieu & le falut du prochain.*

Mais c'eft comme fi les Iacobins difoient qu'un homme auf-fi fage & auffi pieux que M. Royer a jugé que les Iacobins ont droit d'vfurper le bien d'autruy, parce qu'ils ont renoncé au leur; que les plus injuftes brigandages leur font légitimes, par-ce qu'ils ont fait vœu de pauvreté; & qu'ils ont pû fe rendre impunément les maiftres du bien des Preftres & des Hermites du Calvaire, parce qu'ils font profeffion de ne rien poffèder en particulier.

Il eft vray que les Iacobins font Religieux. Mais auffi il eft vray que cette feule qualité les rend plus coupables dans cette entreprife, & que cette circoncifion fpirituëlle, dont ils fe van-tent, à l'exemple des Iuifs qui fe glorifioient de celle de leur corps, fait qu'on leur peut addreffer avec beaucoup de juftice ces paroles de S. Paul. *Quoy donc vous qui enfeignez les autres,* *vous ne vous enfeignez pas vous mefmes? Vous qui prefchez qu'il* *ne faut pas dérober, vous dérobez à la face de toute l'Eglife? Qui* *ergo alium doces, te ipfum non doces? Qui prædicas non furandum,* *furaris!* [Aux Romains, 2. 21.]

Les Iacobins font Religieux. Mais c'eft pour cela mefme qu'ils doivent eftre exclus de la maifon du Calvaire, & qu'ils n'y peuvent avoir aucune prétention légitime. Le deffein de ceux qui ont fondé cette Congrégation, eft que les membres qui la compofent, répandent leurs inftructions & leurs chari-tez fur tous les lieux circonvoifins; qu'ils foûlagent les nécef-fitez des peuples de leurs aumônes; & qu'en converfant fa-miliérement avec eux, ils les fanctifient. Les Preftres féculiers ne s'aquitteront-ils pas mieux de ces devoirs que les Iacobins, eux qui font obligez par leur eftat de s'appliquer vniquement à eux-mefmes, & de ne fortir de leurs Cloiftres que par l'ordre & le commandement exprés des Evefques ? Eux qui en qualité de Mendians, bien loin de foûlager les peuples par leurs au-mônes, font eux-mefmes à la charge des peuples ? Eux enfin qui n'ont pris ce lieu-là que pour s'en fervir comme de maifon de campagne & de divertiffement, pour s'y exenter, comme ils ont fait iufques à préfent, du jeufne & des Matines de la nuit; en un mot pour n'y vivre ny en Iacobins Réformez, ny en Pre-ftres féculiers.

Aprés tout, les feules violences que les Iacobins ont com-mifes en s'emparant de cette maifon, & qui font connuës de tout le monde, les en rendent indignes, parce qu'ils n'y peu-vent demeurer, fans eftre un objet de fcandale pour tous les Fidelles. On les en prend eux-mefmes à témoin ; puis qu'un de leurs Péres demandant à un payfan des environs de la Monta-gne, s'il n'eftoit pas bien aife qu'ils fuffent en ce lieu, cét homme luy répondit avec plus de générofité & plus d'efprit, qu'on n'en devoit attendre d'vne perfonne de fa condition, *qu'il en eftoit bien-aife, & que quand il auroit pris le bien d'autruy, il viendroit à eux à confeffe, parce qu'ils ne pourroient pas luy refufer l'abfolution, veu qu'il ne s'accuferoit que de ce qu'ils avoient fait eux-mefmes.*

Voilà le fruit que l'on peut attendre de la demeure des Iaco-bins fur le Mont-Valérien. Voilà comme leur exemple, s'il de-meure impuny, autorifera tous les crimes. Et voilà enfin, pour me fervir des termes de l'Ecriture fainte, comme leurs pro-pres Rapines les chaffent & les excluënt des maifons du Cal-vaire & de l'Hermitage qu'ils n'ont vfurpées, que parce qu'ils ne fe font pas fait juftice à eux-mefmes, ny aux Preftres & aux Hermites qui en font les légitimes poffeffeurs. *Rapina impiorum detrahent eos, quia noluerunt facere judicium.*

Prov. 21. 7.

Prife de poffeffion, cinquiéme titre des Iacobins.

Il ne refte plus qu'à examiner leur prife de poffeffion, qui eft à la vérité le feul titre qu'ils ayent, mais qui, bleffant toutes les loix de l'Eftat, & tous les Canons de l'Eglife, ne peut fubfifter.

Elle bleſſe toutes les loix de l'Eſtat, parce qu'elle n'eſt ſou-ſtenuë d'aucun titre légitime,& que pour donner quelque couleur à leur vſurpation : Les Iacobins devoient obtenir ſur cette prétenduë donation de M. le Cardinal de Retz des Lettres patentes du Roy, qui l'euſſent confirmée, & qui eſtant addreſſées au Parlement euſſent donné lieu aux Preſtres & aux Hermites d'en conteſter l'enregiſtrement. Car le ſeul titre de l'Ordinaire, quelque autentique qu'il ſoit, ne ſuffit pas pour l'eſtabliſſement légitime d'une nouvelle communauté. Il faut que l'autorité du Prince y intervienne, quand meſme il n'y auroit aucunes perſonnes qui y ſeroient intéreſſées. Que ſi cette maxime eſt trés-conſtante ſelon les couſtûmes, & les formes obſervées de tout tems dans le Royaume, & ſelon les Arreſts des Cours ſouveraines, Ne doit-elle pas eſtre bien plus religieuſement ſuivie à l'égard de ceux qui ont eſté établis, comme les Preſtres du Calvaire dans leur poſſeſſion par des Lettres patentes de ſa Majeſté,& qui y ont eſté confirmez par pluſieurs Arreſts? Et les en peut-on chaſſer ſous prétexte d'une donation ſuppoſée de l'Eveſque, ſans aucune information, ſans aucune connoiſſance de cauſe, ſans l'authorité du Roy, & ſans aucun Arreſt du Parlement?

Elle n'eſt point iuridique.

Elle choque auſſi tous les régles de l'Egliſe, parce qu'il n'y a rien qui bleſſe davantage ſa conduite, ny qui ſoit plus oppoſé à ſon eſprit, que la violence ; de ſorte qu'il ne faut point d'autres preuves pour monſtrer que la priſe de poſſeſſion des Iacobins n'a pû eſtre canonique, que la ſeule lecture de tous les excés qu'ils ont commis en s'emparant la premiére & la ſeconde fois du Mont-Valérien & qui ont eſté rapportez dans la deduction des moyens dont ils ſe ſont ſervis pour arracher les Maiſons du Calvaire & de l'hermitage des mains de leurs légitimes Poſſeſſeurs.

Elle n'eſt point canonique.

Il eſt vray que, quant aux premieres, violences que les Iacobins ont commiſes le 17. du mois de Mars de l'année 1662. ils demeurent aiſément d'accord qu'elles ont eſté toutes gratuites, & qu'ils ne *trouvérent aucune reſiſtance dans la perſonne des Preſtres*, qui ſe côtentérent, comme ils ont toûjours fait depuis, de s'oppoſer dãs les formes à leur prétenduë priſe de poſſeſſion.

Mais pour ce qui eſt des derniéres, qu'ils commirent au

mois de Novembre de la mefme année, comme elles font encore plus odieufes & plus criminelles , ils tâchent de s'en juftifier, en feignant dans leur Factum que les Preftres & les Hermites y ont donné lieu , 1. par les infultes des Fréres Hermites, & leur prétenduë perfécution , furq uoy ils obtinrent l'Arreft du 4. d'Avril : 2. par l'expulfion violente qu'ils difent avoir efté faitte de leurs perfonnes le 7. de Novembre : 3. parce qu'on n'a point voulu entendre la lecture de l'Arreft du Confeil : 4. parce qu'enfin ce n'eft pas à eux à répondre de la conduitte des Officiers de la Iuftice.

Il fuffiroit pour répondre à toutes ces vaines excufes, de renvoyer à la fimple déduction du fait, par laquelle on voit qu'il n'y a rien de plus faux que tout ce que les Iacobins ont rapporté dans le Factum , qu'ils ont fait courir pour détourner de deffus eux la haine & l'indignation que tout le Monde vniverfellement a conçuë de leur action. Mais àfin de ne laiffer rien qui puiffe former la moindre difficulté.

1. Les infultes des Fréres Hermites & leur prétenduë perfécution ont fi peu de fondement, que le Frére Iean, qui eft celuy affeurément que les Iacobins attaquent toujours fous ce nombre de deux, & que le Pere Iacques accufa un jour devant M. Bénard Rézé Confeiller de la Cour d'avoir efté ce Dimanche, dont il eft parlé dans leur Factum fous le nom *des Feftes de Pafques*, fur les murailles de l'Hermitage des pierres à la main , & d'avoir fait paffer, à deux heures aprés minuit, du monde pardeffus les murailles avec des échelles pour les aller affaffiner , ne fut ny le Samedy, ny le Dimanche, ny le Lundy fuivant, fur la Montagne.

En vérité ne faut-il pas avoir vn front d'airain, pour avancer des fauffetez fi infignes ; & eftre étrangement ftupide, pour ne pas voir qu'elles peuvent eftre facilement découvertes par un grand nombre de témoins irréprochables ? En effet le Frére Iean Bénar paffa à Paris ces trois jours entiers avec des perfonnes d'honneur & de qualité qui font preftes d'en rendre témoignage. Il fit ces dévotions ce Dimanche-là mefme aux Cordeliers. Il fut vû fur les neuf heures & demye auprés S. André des Arcs. Il vit la Reyne Mere au Val-de-grace. Il fut difner proche les Chartreux. Il entendit le Sermon

aux

aux Quinze-vingts, où il fut vû par un des Officiers de M. le Duc d'Orleans. Il fut chez une personne de qualité, où il trouva vn Ecclésiastique & un des neveux de la maison, & plusieurs autres personnes capables de convaincre les Iacobins de mensonge & de calomnie. Enfin il coucha cette nuit là mesme, que le Pere Iacques a dit l'avoir vû sur les murailles de l'Hermitage, chez un Ecclésiastique nommé M. de Caux Vicaire de S. Honoré, qui eut la charité de luy donner retraitte ce jour-là.

Aprés cela faut-il s'étonner que les Iacobins n'ayent osé faire l'information, qui estoit ordonnée par l'Arrest du 4. d'Avril, qu'ils obtinrent sur ces fausses suppositions? Et peuvent-ils sans une horrible impudence faire passer, comme ils font, dans leur Factum, pour vne marque de leur *modération*, ce qui n'est que l'effet de l'impuissance où ils ont esté de trouver des preuves pour appuyer des faits, qui n'ont iamais eû de subsistance que dans l'envie qu'ils ont euë de perdre les Fréres Hermites, & de s'emparer de leurs Cellules?

2. C'est sur ce mesme fondement qu'est appuyée l'expulsion imaginaire qu'ils disent avoir esté faite de leurs personnes, & le refus qu'on a fait d'entendre l'Arrest du Conseil. Car enfin est-ce *chasser* les Iacobins d'un lieu *avec violence*, que de ne les y pas rencontrer, lors qu'on y vient; & lors que trois d'entr'eux sont entrez dans un clos par une bréche, & qu'ils refusent d'entrer dans le logis, leur faire toutes sortes de civilitez pour les obliger à s'y retirer?

3. Est-ce refuser d'entendre un Arrest que de recevoir deux coups de fusil, lors qu'on en demande la lecture?

Est-ce le signifier dans les formes, que de le signifier à un Supérieur d'une Congrégation, aprés l'avoir jetté sur le carreau; aprés luy avoir fait sortir les yeux hors de la teste; aprés avoir tué, ou blessé, ou mal-traitté plusieurs autres personnes; enfin aprés avoir tout mis en désordre & en désolation?

S'il y *avoit* 40. *ou* 50. *habitans de Nanterre* en deffense en ce lieu; S'ils ont fait tant de feu & de si grandes décharges; si l'on *avoit caché des armes à feu, jusques dans le Sanctuaire, & sous l'Autel*: Pourquoy n'y a-t-il eû personne de blessé du costé des Iacobins? Pourquoy les Iacobins ne se sont-ils saisis que de cinq hommes qui n'avoient ny épée ny fusil, quoy qu'assurément il n'en ait pû échapper aucun à la multitude des Soldats, des Archers, & des Iacobins armez qui environnoient la place, & qui estoient entrez en mesme tems dans la maison par plusieurs endroits? Pourquoy enfin n'a-t-on point chargé les procés verbaux du nombre de ces armes à feu, qu'on dit avoir esté trouvées; & pourquoy n'en a-t-on porté aucune au Greffe de la Cour?

Le Bâton de l'Exempt a été rompu, non pas *par un coup de pierre*, comme les Iacobins le content ridiculement dans leur Factum, Mais il a été rompu par l'Exempt mesme sur le corps de cette pauvre Femme, dont le mary venoit d'estre massacré, & en voulant la punir de ce qu'elle avoit trop d'empressement de luy rendre les derniers devoirs, & de ce qu'elle se plaignoit avec trop de douleur de ce que les Iacobins la laissoient veuve, d'une maniére si crüelle & si injuste, avec six pauvres petits enfans.

Il est faux qu'on *ait jetté des Iacobins pardessus les murailles*. Mais il est vray, comme on a déja vû, que le 8. de Novembre le P. la Caille ayant passé pardessus les murs du clos avec deux pistolets à sa ceinture, & étant accompagné de plusieurs laïques & de cinq autres Iacobins qui avoient des bâtons en main, où il y avoit des épées, les Prestres du Calvaire leur refusérent l'entrée de leur maison, de peur qu'ils n'éxerçassent sur eux les violences qu'ils commirent le lendemain. De sorte que ces Péres furent obligez par un refus si judicieux & par une précaution que la suitte a fait connoistre avoir été si nécessaire, de répasser par dessus les murailles, pardessus lesquelles ils avoient monté: & s'il leur est arrivé quelque accident ils s'en doivent prendre à la malignité avec laquelle ils tâchoient de surprendre les Ecclésiastiques, & de donner entrée dans leur maison, à un grand nombre de Réligieux & de gens ramassez qui étoient dans la place, & qui firent éclater peu de tems aprés les mauvais desseins que les Iacobins avoient dans cette entreprise.

Enfin si le moindre des faits que les Iacobins alléguent eust été véritable, & si *l'information faitte par le Lieutenant Criminel, son procès verbal, & celuy du S. l'Asnier*, dont ils se vantent, ne se fussent pas contredits & détruits d'eux-mesmes, la

Cour n'y auroit elle eû aucun égard? Et auroit elle rendu, comme elle a fait par son Arrest du 7. de Décembre 1662. la liberté au Lieutenant de Nanterre & à quelques habitans de ce lieu, que les Iacobins, & le Lieutenant Criminel, avoient voulu rendre coupables de ces prétenduës violences & de cette rebellion, dont la fausseté est demeurée constante en l'Audiance de la Tournelle par la déposition de plus de cinquante témoins, & par les propres procés verbaux du Lieutenant Criminel & du S. l'Asnier.

4. *Ce n'est pas à eux*, disent-ils, *à iustifier la conduite des Officiers de la Iustice.* Mais ils doivent répondre de la leur, & de celle de tant de paysans, de laquais, & de soldats qu'ils ont animez à ce carnage.

N'estoit-ce pas la voix d'un Iacobin qui ordonna de tirer sur M. de la Font, & qui dit dés que M. de la Font parut, *Tirez c'est le Supèrieur?*

N'estoit-ce pas le P. la Caille qui planta l'eschelle du costé de S. Clou, & qui y monta le premier les armes à la main?

N'estoient-ce pas les PP. Louys & la Caille Iacobins qui convinrent avec un vigneron à deux Louys-d'or de la rençon de son fils qu'ils menaçoient de faire pendre?

N'estoit-ce pas le P. Iacques qui prit dix-huit francs, & qui exigea du vin, d'une pauvre femme pour la rençon de son gendre, qu'ils envoyérent encore aprés cela en prison?

N'estoit-ce pas le Pére du Bois Prieur de la maison de saint Honoré qui commandoit par tout, & qui présidoit à la recherche qu'on a faitte du Frére Iean jusques dans les sepulchres?

N'estoit-ce pas luy qui vouloit qu'on *trouvast ce Religieux mort ou vif, & quand il seroit cent pieds sous terre?* Enfin n'estoit-ce pas luy qui estoit meslé parmy ceux qui fourroient leurs épées nuës aux endroits, où ils croyoient qu'il pouuoit estre caché?

En vn mot n'estoient-ce pas les Iacobins qui étoient à la teste de ces prétendus Officiers de Iustice, qui les exhortoient à *faire main basse*, qui les encourageoient à *en mettre d'abord cinq ou six sur le carreau*, qui montoient les prémiers à l'escalade l'espée nuë à une main & le pistolet à l'autre, & qui enfin ont abandonné à la cupidité & à l'insolêce de tous ces prétendus Officiers de justice, jusques aux vaisseaux sacrez & aux ornemens de l'Eglise.

CONCLVSION.

CEſſez, mes Peres, ceſſez vos pourſuites criminelles. Vous voyez déja la main vengereſſe de Dieu eſtenduë ſur vous. Il a commencé de punir l'injuſte vſurpation que vous avez faite de la maiſon du Calvaire & de celle des Hermites, par le vol qu'on vient de faire de ce que Vous aviez dans la voſtre de plus précieux. Ne craignez vous point que ſelon la menace de Dieu dans l'Ecriture ſainte, & la parole de Ieſus-Chriſt dans l'Evangile, il ne vange encore le ſang par le ſang, & que ceux qui ont *frappè du glaive ne periſſent par le glaive?*

Ne voyez-vous pas meſme qu'on n'a détourné pour un tems celuy de la juſtice de d eſſus vos teſtes, & qu'il n'y demeure ſuſpendu, que pour l'y laiſſer tomber avec plus de poids & plus de ſeverité? Penſez-vous qu'on laiſſe impuny ſous la loy de grace, & en la perſonne des Religieux, un crime, que Dieu a chaſtié avec tant de rigueur, ſous la loy de Moyſe, & en la perſonne d'un grand Prince & de toute la famille Royale? ou que les biens & le ſang des Preſtres du Calvaire & des Hermites du Mont-Valérien ſoient moins précieux devant Dieu, que la vigne & le ſang de l'infortuné Naboth?

3. Reg. 21, 4. Reg. 9.

Voulez-vous donc, mes Peres, que tous les pauvres gens de la campagne, que les Preſtres du Calvaire aſſiſtoient dans leurs beſoins avec tant de charité, meurent ſans aucun ſecours, comme ce pauvre homme que vous avez laiſſé mourir depuis peu ſans confeſſion?

N'eſtes-vous point touchez de ce que Dieu a retiré toutes ſes bénédictions de deſſus la Montagne depuis que vous y eſtes, de ce que la dévotion qui portoit les peuples à y venir en foûle honorer les ſouffrances & la Croix de Ieſus-Chriſt, eſt entiérement refroidie, pour ne pas dire éteinte; & de ce que tous les lieux circonvoiſins ont été déſolez par des meurtres & des aſſaſſinats?

L'accident qui eſt arriué à un de ceux que vous avez portez à rendre un faux témoignage en voſtre faveur, & qui fut écra-

ſé

sé en revenant de Paris, sous une charette qui versa, & dans laquelle il estoit avec trois autres personnes, qui n'eurent aucun
mal, ne vous effroye-t il point?

Tous les désordres épouventables ausquels Dieu a abandonné tous les autres qui vous ont favorisez ou aydez dans cette
entreprise, & dont les uns ont débauché des femmes avec un
scandale effroyable; les autres sont morts misérablement; les
autres ont esté punis du foüet dans la cour du Palais; les autres
enfin, comme vostre autre Faux-témoin, ont esté toûjours
prisonniers depuis ce tems-là pour d'autres crimes; Ne vous
donnent-ils point d'horreur? ne vous donnent-ils point de fré-
missement?

Vous ne sçavez assurément, mes Péres, *de quel esprit vous estes;* Luc 9. 55
puis que bien loin d'estre en estat de souffrir qu'on vous enléve
vos biens, vous ravissez celuy des autres: & que vous faittes
cette injure & ce tort à vos propres Fréres. *Sed vos injuriam* Corint. 6
facitis, & fraudatis: & hoc fratribus. 7.

Quoy la malediction que Dieu prononce dans ses Prophétes *Væ qui*
contre ceux qui ont l'ambition de joindre des maisons les unes *coniungi-*
aux autres, & d'augmenter le nombre de leurs possessions, n'a- *tis domum*
t-elle point pû arréter la vostre? N'avez-vous point eû de hon- *ad domum*
te de faire paroistre sur cette montagne, & à la veuë de Paris, *& agrum*
ce qu'on est prest de justifier par des informations qu'on a en *agro copu-*
main, que vous pratiquez tous les jours dans le secret de vos *latis vs-*
cloistres, & dans la conqueste des Convens, où vous introdui- *que ad ter-*
sez vostre réforme? Et la crainte de renouveler dans les esprits *minum lo-*
le souvenir de cette action d'un des vostres qui fust si funeste à *ci. Isai. 5.*
la France, & à tout vostre ordre, ne vous devoit-elle pas faire *8.*
choisir un lieu plus éloigné de S. Clou, pour éxercer de si grandes violences.

Sera-t-il dit que vous outragerez encore aujourd'huy le plus
malheureux & l'vn des meilleurs de nos Roys, dans la personne des successeurs du Frére Iean du Houssay, qu'il honoroit
d'vne estime trés-particuliére, dans la compagnie duquel nos
Historiens rapportent qu'il passoit quelquefois des journées
entiéres, & à qui ce grand Prince fit bastir une Cellule qui sub-
siste encore, & dont vous avez l'audace de prétendre vous emparer?

P.

Voulez vous donc habiter seuls tout le Monde? Et ne sera-t-il pas permis à une douzaine de Prestres séculiers & à cinq ou six Hermites de vivre dans une sainte société sans que vous les en veniez chasser à force ouverte, & avec autant de hardiesse que s'il n'y avoit en France ny loix, ny Magistrats, qui prissent en main la deffense des innocens, & qui punissent les crimes.

Où voulez-vous que se retirent ces pauvres Ecclésiastiques & ces pauvres Hermites que vous arrachez du sein de leur retraitte & de leur solitude pour les exposer à tous les maux qui accompagnent une vie pauvre & vagabonde? Les Evesques qui ne sçauroient pas le détail de ce qui s'est passé, les recevroient-ils dans leurs Diocéses, aprés que vous les avez noircis par vos écrits dans leur Diocése propre, & que vous les avez chassez honteusement de leurs maisons par des lettres supposées de leur propre Evesque.

Suffira-t-il donc pour ravir le bien, la vie, & l'honneur d'imposer de faux crimes & des désordres supposez à des personnes innocentes: & le mensonge, la calomnie, & la crüauté deviendront-elles en vos personnes des titres légitimes de possession?

Il est vray que vous mettez vostre principal appuy dans le crédit de vos amis: & que vous vous vantez de vous maintenir par la faveur dans une possession que vous avez prise par violence.

Vous poussez mesme vostre insolence encore plus loin, puis que vous répondez, lors qu'on vous représente qu'il n'y a rien capable de vous deffendre de la hayne & de l'horreur que tout le public a conçu d'une vsurpation si manifeste, qu'aprés tout vous en serez quittes pour souffrir l'espace de neuf ou dix ans ces mépris & ces reproches.

Mais sçachez, mes Péres, que ny le crédit, ny la faveur, ny l'insolence & l'effronterie ne font rien auprés des Iuges de l'intégrité de ceux que vous avez.

Sçachez qu'ils ont trop d'amour pour les intérests de l'estat & de l'Eglise, pour souffrir que les Monastéres s'enrichissent des dépoüilles des Communautez séculieres; qu'ils s'établissent sur leur rüine, & qu'on abbatte la seule image publique qui nous reste des éxercices & des vertus des Anciens Anacoretes,

Sçachez qu'ils ont trop d'équité & trop de foin de conferver les droits des particuliers , & leur propre réputation , pour permettre que, fous prétexte d'une lettre de provifion nulle & abufive , & d'une Lettre de cachet que fa Majefté a révoquée , & qui ne vous donne aucun droit , vous vous rendiez maiftres des biens , des maifons , & des Eglifes qui appartiennent aux Hermites par une poffeffion immémoriale , & aux Preftres par des titres trés-autentiques.

Sçachez enfin qu'ils ont trop de zéle & trop de piété pour permettre dans l'Eglife, ce que Iefus-Chrift n'a pû fouffrir dans la Synagogue ; & endurer que vous faffiez *de la maifon de Dieu,* Mat. 21. *qui eft une maifon de priére , une demeure & une retraitte de larrons.* 46. *Vos autem feciftis illam fpeluncam latronum.*